# 逆袭

大学四年成功蜕变线路图

安帅◎著

中信出版集团 | 北京

**图书在版编目（CIP）数据**

逆袭：大学四年成功蜕变线路图 / 安帅著 . -- 北京：中信出版社，2019.10

ISBN 978-7-5217-0957-5

Ⅰ . ①逆… Ⅱ . ①安… Ⅲ . ①大学生 – 学生生活 Ⅳ . ① G645.5

中国版本图书馆 CIP 数据核字（2019）第 176403 号

**逆袭：大学四年成功蜕变线路图**

著　　者：安　帅
出版发行：中信出版集团股份有限公司
（北京市朝阳区惠新东街甲 4 号富盛大厦 2 座　邮编　100029）
承 印 者：北京通州皇家印刷厂

开　　本：880mm×1230mm　1/32　　印　　张：7.5　　字　　数：150 千字
版　　次：2019 年 10 月第 1 版　　印　　次：2019 年 10 月第 1 次印刷
广告经营许可证：京朝工商广字第 8087 号
书　　号：ISBN 978-7-5217-0957-5
定　　价：42.00 元

# 序　言

电影《致青春》里有一句台词："其实，青春不单单是用来怀念的，它教会了我们很多，让我们的棱角分明，让我们有过一段张扬的岁月。每个人的青春都可以写成一本书，精彩绝伦，而且没有雷同。"

青春里那一幕幕或精彩或平凡或欢呼雀跃或暗自神伤的瞬间，回忆起来都将是我们宝贵的财富。此时，我觉得文字是个好东西，当我们无法用言语来形容的时候，文字可以表达我们的思想和感情，而且恰到好处。

写本书的想法源于大学班级里的一次团日活动，当时我拿着已经写好的团日总结去打印，到了打印店才知道原来可以把它装订成册。当时我就在想，为什么不把自己的大学生活记录下来呢？然后我可以将其拿到这里装订成册，这样以后自己回忆起来也别有一番滋味。后来我发现，我的大学生活对在校大学生和即将进入大学的学弟学妹可能会有借鉴意义。所以，我便遵从自己内心深处的想法，以一颗虔诚的心来完成这件事。

本书展现了当今国内高校大学生的真实生活，对高校大学生如何充实地度过大学四年提出了宝贵的建议。不管你是即将进入大学的准大学生，还是已在校的大一、大二、大三、大四的学生，本书都会引起你的共鸣，让你在书中的故事里找到似曾相识的经历。书中没有华丽的辞藻和跌宕起伏的情节，有一些是我在大学四年的经历和感悟，还有一些是我真诚的建议。如果你读完本书，能从中获得学习和生活上的帮助，我写本书的初衷就达到了。

在完成本书的过程中，我有时甚至能听到自己内心的呼喊：我想通过本书帮助更多的在校大学生，让他们把自己的大学生活过得更加精彩、更加充实；我也想通过本书让更多的学生家长了解真实的大学生活，从而为家长给孩子的大学生活进行正确指导提供可靠的依据；我还想通过本书让高校的辅导员等教育工作者更加清楚当代大学生的想法，与学生们零距离接触，并帮助学生树立正确的人生观和价值观，为我们的国家和社会培养栋梁之材！

本书的创作经历了一个漫长的过程，从2016年12月到2019年5月，历时两年半。仅是书稿就被修改了八次，从“大修”到“微调”，从搭建“整块”到完善“边边角角”，终于在2019年5月正式完稿。

两年多的时间里，感谢各位领导和老师给我提供无私的指点和帮助，感谢中信出版集团的编辑对书稿进行认真负责的编审工作，他们不仅用自己的工作经历和人生经验帮助我完善作品，还不断帮助我成长和进步！

还要感谢已经毕业的和在校的学弟学妹，我曾邀请他们参与书稿的试读，他们给我提供了很多中肯的意见，是他们让本书以更完美的姿态呈现！

谨以此书献给正在读大学以及即将进入大学的学弟学妹，为他们送上我最真挚的祝福，衷心希望本书能够对他们有所帮助！

安 帅

2019年5月

# 目 录

第2章_27

## 读书和学习

## 第3章_ 057
## 社团和实践

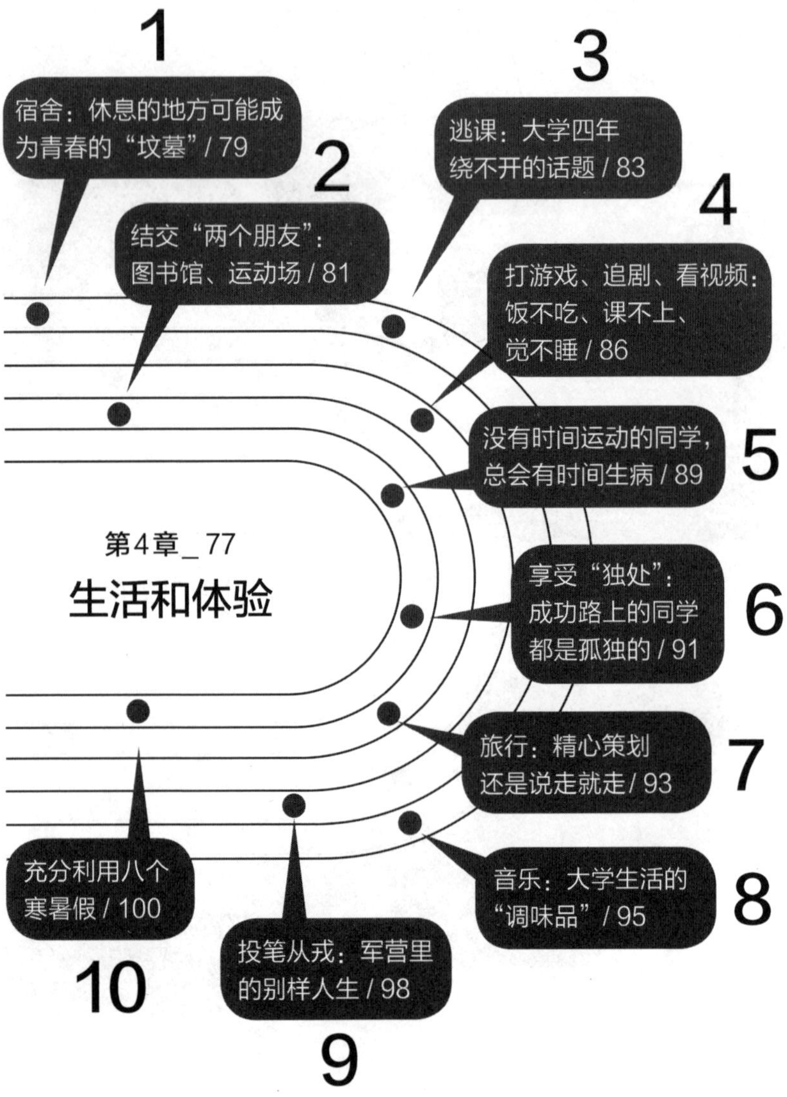
第4章_77
生活和体验
1
宿舍：休息的地方可能成为青春的“坟墓”/ 79
2
结交“两个朋友”：图书馆、运动场 / 81
3
逃课：大学四年绕不开的话题 / 83
4
打游戏、追剧、看视频：饭不吃、课不上、觉不睡 / 86
5
没有时间运动的同学，总会有时间生病 / 89
6
享受“独处”：成功路上的同学都是孤独的 / 91
7
旅行：精心策划还是说走就走 / 93
8
音乐：大学生活的“调味品”/ 95
9
投笔从戎：军营里的别样人生 / 98
10
充分利用八个寒暑假 / 100

第5章_105

# 友情和爱情

# 第1章
# 入学和适应

进入大学之后，首先应该完成思想和行为上的过渡，而这件必要的事情往往最容易被刚进入大学的学生忽略，从而导致不少人在大学四年的时间里走了很多弯路，甚至误入歧途。

本章针对高校大学生在进入大学后可能会遇到的心理和生活上的问题提出中肯的建议，比如怎样调整对大学的心理预期，如何度过开学之后的迷茫期，怎样快速适应大学生活，该给大学四年定下怎样的目标，以及面对大学中的诱惑该如何抵制，等等。相信你在读完本章之后，一定会对大学生活有一个清楚的认识，从而顺利完成思想和行为上的过渡。

# 1 而今迈步从头越：人生从这里重新开始

或许你已经收到了大学的录取通知书，却还在为没考上心仪的大学而沮丧，又或许你正因为高考的超常发挥而激动不已。我的故事也许与你的经历很相似。

我从小就想当一名警察，到了高中便开始了解国内各个公安院校的招生情况。从高二开始，我就锁定了国内的一所公安院校，立志要考上这所学校，以实现自己儿时的梦想。

记得2013年6月的一天，这是我人生中第一次坐飞机，我要去参加公安院校的校招体检。结果第一项检查——测身高就把我拒之门外了，我是唯一一个在身高测量中被淘汰的，也是最早在体检中被淘汰的。出来之后，我看到很多陪同孩子来参加体检的父母看我的眼神，我看得出来他们当时多么希望自己的孩子能顺利通过体检。当时，我受到了很大的打击，那种沮丧可能并不亚于高考失利带来的痛苦！

等到高考分数出来的时候我才发现，我的分数已经超过了这所学校要求的分数线，只是体检没过，这时我的心里更难受。可我能去埋怨谁呢？怨父母？怨体检标准？我谁都不能怨，只能接受现实向前看。

在我高考结束后填报志愿时，所有的学校和专业都是我自己选择的，并且都不服从调剂（家长的意见可以作为参考，最好自己拿定主意）。前几个志愿我报得比较随意，后几个志愿还挺上心，结果我就在各种机缘巧合下来到了这所我就读了四年的学校。我不是一个轻易服输的人，读完大学四年我才发现，努力的人的运气总不会太差。

说心里话，刚到这所学校的时候，我心有不甘。像很多同学一样，我认为自己应该上一所更好的大学。但是，四年下来，我在这里不仅收获了学习、体育和科研等方面的荣誉，更收获了亲情、友情、爱情和师生情，并且充实地度过了人生中最宝贵的四年。

有句话说得好："一切都是最好的安排！"如果再给我一次填报高考志愿的机会，我还会不假思索地选择我就读了四年的大学。你要学会感恩生命中的一切，不要沮丧，不必急着要生活给你所有的答案，而要把眼光放长远。生活总会给你答案，但不会马上把一切都告诉你，回报不一定在付出后立即出现。

> 余生且长，
> 何必慌张！

小海是我的高中同学，在西安一所普通院校读大学。他通过大学四年的努力考上了北京某985院校的研究生，让身边的同学很佩服。大三的时候，我们在一起聊天，他说："大学是一个新的起点，身边有很多优秀的同学，我没有理由不努力。"后来才得知，大学期间他一直申请参加学校的科研项目和创新训练项目，还发表过几篇学术论文，获得过很多奖学金。我问他为什么要考研，他说："说心里话，进入大学之后我就有考研的想法，最初是想提升学历，因为咱们高中同班同学有的本科读的就是985院校，我现在和人家相比丝毫没有竞争力。最重要的一点是，我想去更高的平台看一看。我们才二十多岁，以后的路还很长，不往高处走一走，都不知道人生的上限在哪里。"

不往高处走一走，都不知道人生的上限在哪里！

小海的一番话让我对他佩服得五体投地，至今我还记忆犹新。他的目标感很强，我通过聊天了解了他的大学生活，他的每一步都是按照自己规划的路线在前行。他考虑得很长远，一心梦想迈向"远方的田野"，并且为之付诸行动。

小海就是大家经常挂在嘴边的"学霸"，也是"行动派"的代表。他可以代表一类人。虽然这类人在普通院校读大学，但他们知道人外有人，在年年拿奖学金的同时又时刻不忘用运动和知识来武装自己；虽然这类人在普通院校读大学，但他们利用周末和假期的时间去实践或实习，毕业时他们丰富的简历帮助他们拿到了名企的offer（录取通知）；虽然这类人在普通院校读大学，但他们却丝毫不敢放松学习，最终顺利考上"清北人师"的研究生，让身边的同学羡慕不已。

人生有很多种可能性，改变命运的机会也会出现很多次，大学就是一次改变命运的机会。所以，过去的事就随风去吧！无论沮丧还是喜悦，你要学会"清零"。从迈进大学校门的那一刻起，你要告诉自己："雄关漫道真如铁，而今迈步从头越。"你的人生将在这里重新开始！

## 2 初来乍到：尽快适应你的新家

我们在高中面临的选择基本上是单一的，即努力学习并考上大学。我们在大学面临的问题却是多样的，比如：该不该加入社团和学生会？如何分配课余时间？该不该谈一场恋爱？毕业后该何去何从？大学里没有人告诉你究竟该怎么做，每一个选项都要由你自己来做决定。别着急，往后读，我慢慢和你分享读大学的经验。

大一入学时的第一场班会是辅导员给我们开的，他是一个五十多岁却格外精神的"小老头"。他在班会上的一句话给我留下了非常深刻的印象："从高中到大学，谁最先适应大学的生活节奏，最先找到适合自己的学习方法，谁就会最先在大学有所成就。"

最重要的是，你要适应大学的生活状态，适应这个你要生活四年甚至更久的城市。有的同学适应能力很强，刚进入大学就能独立学习和生活，但有些同学需要一个学期甚至更久的时间才能适应大学生活。

晓静是我们班的一个女生，在读大学之前，她从来没有在学校住过，都是父母在放学之后把她接回家。在进入大学之后，她第一次住在学校的宿舍，第一晚竟然一夜没睡。她的室友用了近一个学期的时间，想尽各种方法（比如一起聚餐、上自习、唱歌、打羽毛球等）才帮助她逐渐适应大学生活。

初入大学，出现不适应的情况在所难免，但你要知道，你越早适应大学生活，才能越早在大学有所收获。这里，我结合自己的经历，归纳了几点建议与你分享，希望能对你有所帮助。

- 培养独立精神。首先，要在生活上做好独立准备。开学前，检查你的生活用品是否准备齐全，上课用的课本是否齐全，身份证、银行卡等证件是否收拾好。另外，还要检查军训时用的水杯、防晒霜是否准备好，千万别像我一样，在军训结束后变成了一只“黑猴子”。其次，要在心理上做好独立准备。有些同学可能是在家长的陪同下报到的，虽然有了家长的陪伴你可以省点心，但是别忘了，你已经是一名大学生了，你要对自己负责，该办的事情还需要自己一件一件来完成，该走的路还必须自己一步一步地走，没有任何人会陪伴你一辈子。我很认同一句话：“通往成功的道路始终是孤独的。”进入大学后，你会发现，那些学习成绩优异、各方面都表现出色的同学往往在思想和行为上都很独立，他们懂得独立思考，并且执行力强。所以，你要做到真正的独立。

> 通往成功的道路始终是孤独的！

- 搞好人际关系。前面谈到的我们班的晓静，她就很幸福，因为她有几个真正关心她的室友。进入大学后，你会发现班上的同学来自全国各地，大家的语言、个性、生活环境有很大的差异。在与同学交往的过程中，有些同学容易失去耐心。你要知道，你已不再是家里的“小公主”“小少爷”，大学是你的新家，宿舍是你的小家。搞好与室友以及班级同学之间的关系对你的大学四年至关重要，否则你很容易陷入形单影只的处境，很多同学都有这种感觉。这就需要我们学会尊重、宽容和忍让，室友就像家人，相互迁就很重要。当然，一起学习、吃饭、看电影、骑行等，都是增进感情的好方法。
- 适当“求助”。在新生开学报到时，学生会或者社团的学长学姐会来迎接你。对于初次见面的新生，他们非常愿意帮助你，或许你会成为他们在学生会或者社团的接班人。所以，对于接待你的或者你接触到的学长学姐，你就要抛开你的“矜持”，适当地向他们寻求帮助。刚进入大学，你一定会有不清楚或者自己解决不了的问题，这时就可以去“麻烦”学长学姐，毕竟他们已经在这里生活了一年甚至更久，他们会告诉你哪个水果摊的水果分量足、哪个教室适合上自习、哪种校外小吃更有特色等。
- 每周进行一次总结。进入大学之后你就会明白，几个学期的时间匆匆而过，对于学习和生活，你可能只有一些朦胧的认识。尽管有的学生在进入大学之前就已经规划好了自己的大学生活，但当走进了大学这个充满着诱惑与未知的世界后，他们就会明白，当时的想法有些不切实际，自己并不能按照已经规划好的路线来走。这时候，每周进行一次总结是非常必要的。周日的下午或晚上，自己找个安静的地方坐下来，在笔记本上写下在过去的一周里自己读了几本书、结交了几个朋友、背了多少英语单词、花了多少钱、在哪些方面还有待提高等，找到自己的不足之处。每周都要进行总结，顺便制订下周的计划，监督自己执行。坚持一个学期后，你会发现自己能够逐渐适应当下的生活状态，你会对自己的成长轨迹越来越明了。

> 学会总结才能有所进步。

# 3 大学≠“高四”，大学≠技校

## 大学≠“高四”

上了大学，你就会真正明白什么叫“师傅领进门，修行在个人”。在大学校园里，没有人说你，更没有人管你。大学的课余时间非常多，你学或不学，书都在那里；你玩或不玩，电脑都在那里。所以，有的同学在刚进入大学之后会显得不适应，由于没有人管自己了，反而不知道该干些什么。

小飞是我在读大学时认识的一个老乡。刚进入大学时，他没有加入学生会和社团，除了上课之外几乎天天待在宿舍。课余时间，有的同学会去图书馆看书，有的同学会去球场打球；而他天天宅在宿舍，有时在桌前打打游戏，有时躺在床上玩玩手机。有一次，我去他的宿舍，发现只有他一个人在，我们俩便聊了起来。他说："你们天天出去忙些什么啊，我觉得大学生活真没意思，整天无所事事，不知道该干点啥。"

你身边一定不乏这样的同学，他们在进入大学之后"无所事事"。其实，这些同学还处在"高中"的状态，习惯有人"把饭菜做好送到自己嘴边"。但大学生活和高中生活有天壤之别：在高中时，老师会给你挑选试卷和习题，父母会照顾你的衣食起居；到了大学，再也不会有人监督你学习，父母不在身边，老师讲完课就走，同学们更是很少在课余时间讨论数学题。

所以，你要清楚，进入大学之后最重要的事情就是要完成身份和角色的转变，你已经不是高中那只嗷嗷待哺的小鸟了，你要成为"早起"的鸟儿，这样才会有"虫"吃。当然，大学里还有另一类同学，他们还像高中一样努力，用高中时的学习方法应对大学课程，但结果可能会适得其反。

晓萌是我们专业的一个女生，在大一的高数课上，我见她背了一个鼓鼓的书包。上课之后，只见她拿出一本高数的课外习题册，当时我惊呆了，心想："到了大学还有这么用功的同学吗？"一节课过后，我便知道她这么努力但学习成绩却始终无法得到提高的原因了。她对老师讲的基础内容置之不理，课上时间都用来"拔高"了。要知道数学期末考试中的基础知识占90%，即便是考研数学试卷，其基础知识也占70%，忽略基础知识的学习，一味地想

“拔高”，只会摔得更疼。相比之下，大学里那些真正的学霸都是课上认真听讲、基础知识非常牢固的同学，他们考试前稍加复习就能轻松拿奖学金，准备考研时也会因为底子打得牢而事半功倍。

所以，到了大学，你就不能像在高中一样靠死记硬背和题海战术取胜了。大学所学知识的深度和广度都会有很大的提升，你要学会合理安排时间，实现由“拼时间、拼勤奋”的数量竞争向“拼方法、拼效率”的质量竞争的转变，在学习中找到适合自己的学习方法，从而提高学习效率。

> 拿高数举例：把老师上课讲的弄懂了，适当做做练习题，考高分是很简单的！

**大学≠技校**

很多大学生会有类似的想法：“我的很多同学从技校毕业之后都参加工作了，人家赚的钱也不少，我读完大学之后能干什么呢？可能还没人家赚的钱多！”你要记住一点：大学不是技校！大学培养的不是拥有一技之长的技工，而是有创新能力、善与人合作、会独立思考的复合型人才。

有件事很有意思，全球大部分公司的高管都有在商学院学习的经历，那么为什么想要经商的人都要学习工商管理呢？因为全球的经济形势复杂多变，很多商机也往往稍纵即逝，一个不会从全局和宏观的角度分析问题的商人是不能生存下去的。只有那些不断学习，懂得灵活应变，以及对局势有清晰思考的人才能在充满危机的商海里遨游。

同样，读大学不是为了应付考试，而是要培养独立思考和分析的能力，任何理论在网上或图书馆中都能找到，你需要把头脑中已有的知识转变成自己的思想，并将其用来指导你的学习和生活。

我有一句话送给即将或者正在读大学的你：“经过独立思考之后坚持错误的答案比不假思索地接受标准答案更难能可贵！”在大学，你要学会培养独立思考的能力，做事要有主见，不要随波逐流。

大学时，小杰和我住在同一层楼，平时低头不见抬头见。他在大一的时候跟随身边的同学报名参加了学生会，可他不知道自己加入学生会是为了什么，也不知道能有什么收获，结果在当了一年学生会干事之后就退出了学生会。到了大三下半年，准备考研和考公务员的同学都在图书馆和教室安心备考，找工作的同学则西装革履地去参加面试。虽然他也买了考研的复习材料，但他又在本该复习的黄金时间去找工作。最后，竹篮打水一场空，他既没有考上研究生，也没有找到好工作。

读什么样的大学并不重要，关键在于培养自己独立思考的能力，看到课堂之外的世界，找到适合自己的路。

## 4 熟读学生手册：奖学金、助学金了解一下

上了大学，学校会下发学生手册，每个同学一本。国内高校

学生手册的内容大同小异，但有心的同学会仔细翻看，能在手册里发现大学的“奥秘”。

学生手册：大学生活的指南！

其实，很多问题的答案都在学生手册里。我认为，学生手册是你在大学四年里必读的内容，最好在阅读时用笔画出重点内容。可以负责任地说，一本薄薄的学生手册是你在大学四年学习和生活的指南，它关乎你的选课、评优、奖惩、毕业，甚至挂科之后的补考、重修，以及大学期间服兵役的优惠政策，等等。而且，学生手册里面把学校关于奖学金、助学金的实施方案写得清清楚楚。可能你不以为意，但有的同学已经对此做了深入的研究，正在为此努力呢！

大二刚开学时，我和宿舍里的同学去迎接新生。记得新生中有一个学妹叫小娟，她戴着一副红框眼镜，用一手漂亮的字登记了自己的报到信息。小姑娘行李倒是不多，可我和一名室友帮她把行李搬到四楼的时候，后背已经湿透了，学妹见状便去帮我们买了两瓶水。当我们正要回去时，她拉住我们俩问道：“学长，咱们学校有哪些奖学金和助学金可以申请吗？”当时我们俩都很惊讶，我心想：“自己在刚上大学的时候哪里想过这些问题呀，小姑娘挺有心的，想必是个上进的同学！”

我记得我们俩当时并没有很确切地回答她，只是告诉她等学生手册下发后可以好好了解。

- 国家奖学金。用于奖励特别优秀的全日制普通高校本专科在校生，每生每年8 000元。
- 国家励志奖学金。用于奖励资助品学兼优、家庭条件困难的全日制普通高校本专科在校生，每生每年5 000元。
- 国家助学金。用于资助家庭条件困难的全日制普通高校本专科在校生。一般情况下，国家助学金资助面约为全日制普通高校本专科在校学生总数的20%，平均资助标准为每生每年3 000元，可分设2 ～ 3档。
- 国家助学贷款。由政府主导，金融机构向家庭条件困难的学生提供不需要担保或抵押的信用助学贷款，帮助困难学生解决在校期间的学费和住宿费用，每学年贷款金额原则上不超过8 000元。家庭条件困难的学生申请国家助学贷款，有两种模式：一是校园地国家助学贷款，即通过就读学校向经办银行申请；二是生源地信用助学贷款，即通过户籍所在县(市、区)的学生资助管理机构提出申请。
- 服义务兵役学费补偿及学费减免。对应征入伍服义务兵役的高等学校在校生及毕业生在校期间缴纳的学费或获得的国家助学贷款实施一次性补偿或代偿，对退役后复学的高校在校生（含高校新生）实行学费减免。
- 勤工俭学。国内很多高校设置了勤工俭学岗位，为学生提供勤工俭学机会，一般这些岗位都会优先考虑家庭条件困难的学生。
- 校内资助。比如学业奖学金、助学金、困难补助、伙食补贴、减免学费等，每个学校的资助种类不同，额度不等。有的学校除了学业奖学金之外还设立了校长奖学金、校友奖学金、企业奖学金、特别助学金。一般情况下，国内高校都有学业奖学金，有的按学期评比，有的按学年评比，其额度也不等，而且名额较多。

## 5 大一为什么重要又关键

有些同学可能会有疑问，在大学四年里，为什么大一重要又关键，而不是大三、大四？

大一培养的学习态度和生活习惯会直接影响接下来的大学生活。入学时，你的大学生活是一张白纸，从大一开始你就要在上面“作画”；到了大四毕业，每个人都会完成一幅作品。试想，如果你起笔都没有画好，那么后面再努力也无济于事。培养良好的学习态度和生活习惯对你的大学四年至关重要。

学好大一的课程对考研、考公务员至关重要。在准备考研之前，我还没有这些感触；等到了准备考研的时候，我才发现考试内容基本上是之前学过的内容。大一的时候不努力学习基础课程，等到准备考研的时候再想从头开始复习是很费力的，尤其是数学。

有个“好开头”会让你在大学四年里事半功倍，但很多同学在大一时要么无所事事，要么找些没用的事情让自己“忙”起来。这些同学认为自己终于上了大学，可以尽情地玩耍了，于是把最宝贵的时间都浪费在了一些毫无意义的事情上，忽略了学习，这就是本末倒置。

大一是你从高中到大学的过渡期，大一的生活状态应该是既“轻松”又“充实”的。在完成学业课程之外，你可以培养丰富的兴趣爱好，合理分配课余时间，做到忙而不乱。

> 大一不努力，大四徒伤悲！

下面是我在大一时的生活状态：

早上七点，准时起床，洗漱完毕之后去食堂吃早餐。早上八点之前到教室准备上课。如果没课，我就去图书馆完成老师布置的作业。如果没有作业或者已经完成了作业，我就预习高数。

中午十二点，去食堂吃午饭，之后去宿舍午睡一会儿。如果下午有课，我就去上课。如果下午没课，那么我在下午两点之前一定会到图书馆开始下午的学习。我一般会学习英语，因为大二要考英语四、六级，所以我便从大一开始准备，从背单词开始，循序渐进。

下午四点，开始运动，我一般会叫上同学去打篮球。下午六点，我就去吃晚饭，吃完晚饭之后洗个澡，然后回到宿舍泡一杯茶，打开音乐，坐在书桌前喝喝茶、读读书、练练字、听听歌、背背单词。

晚上十点，当室友们从外面回来的时候，我已经完成了一天的学习和运动。晚上十一点，我会放下手机，准时入睡。

毕业前夕，我回忆起自己四年走过的路，发现自己取得的成绩离不开我在大一时付出的努力。正是因为我在大一打下了基础，所以在大学四年里我的步伐才会越走越坚定，越走越自信。

大一是大学生活的起点。在学习方面，大一的课程相对较多，你需要投入较多的精力，为考研、考公务员等打牢基础；在职业生涯规划方面，你可以通过各种途径了解本专业的基本情况，为毕业求职摸清方向；在特长爱好方面，你可以制订适合自己的学业计划和兴趣培养计划；在能力素质方面，你可以重点培养自己适应环境的能力和独立生活能力；在人际关系方面，你要认真经营有利于个人发展的人脉网络。

## 6 给大学四年定下目标

刚进入大学时，我经常想："大学为什么要把课程安排得这么零散，我们为什么不能像在中学一样朝八晚六地学上两年就毕业？"大学毕业之后，我终于找到了答案。大学就是这样，用四年的时间来打磨你的棱角，消耗你的锐气，就像大浪淘沙一样，最终只剩下两类人。一类人经过大学四年的"折磨"，最初的梦想早已不复存在，迷离的眼神中透露着他们的不甘与无奈；另一类人在大学四年的磨炼中愈挫愈勇，他们同样经历了很多的苦难和挫折，但他们没有低头，执着地追求自己想要的生活，从不抱怨现状，乐观看待未来。

为了不被大学生活击垮，你必须从大一开始就给自己的大学四年定下目标。学会"站在未来看现在"，也就是"站在大四看大一"。刚进入大学时，很多同学在学业、生活、就业、人生规划等方面都没有明确的目标，所以才需要“站在未来看现在”。你需要问问自己四年之后想要哪些收获，为了实现这些目标你要在大学四年做哪些事情。你不可能对当下和未来的事情都了解，但你可以经常去找高年级的学长学姐聊天，从他们的经验中寻找自己的不足和努力的方向，给自己大学四年的每一个阶段都定下目标。当然，千万不要怕偏离了自己的方向，很少有人在大一就给自己找到了准确的方向。大学四年是一个动态调整的过程，在这个过程中，你会逐渐找到最适合自己的方向。

阳阳是我们系里比较聪明的同学，之所以说他聪明是因为他比较懂得结合学长学姐的经验寻找自己的目标。从大一开始，他就结识了很多本专业和其他专业的学长学姐，更是经常找高年级的学长学姐聊天。他懂得这些“过来人”的经历中有值得他学习的地方，也有值得他引以为戒的地方。“见贤思齐焉，见不贤而内自省也”在他身上表现得淋漓尽致。大学四年，他不断吸取学长学姐的经验，从而给自己设定了正确的目标。他把该考的证书统统拿下，在大三时参加了创新训练项目并获奖，更是从学长学姐那里获得了考研复习资料，成为我们专业唯一一个通过自学考上985院校研究生的同学。

大学四年的经验告诉我，每一个心中有目标的同学都会在大学有所收获。关于制定目标，我自创了“两个系列”目标法，即“大学四年系列”

> “大学四年系列”和“毕业之前系列”。

和“毕业之前系列”，我按照这两条主线来给自己制定从大一到大四每个阶段的目标，甚至精确到每月、每周、每天。希望我的“两个系列”目标法能帮助你成为“第二类人”。

### 大学四年系列

大学四年，我要做到的事情包括以下方面：

- 我想看的书。大一我要把自己之前所列书单上的书全部读完；大二我要读十本人物传记；大三我要读五本经典的专业书；大四我要读十本国内外名著。
- 我想考的证。英语四（六）级、计算机等级证书、导游证、教师资格证、驾驶证等。
- 我想参加的实践和实习。我要参加学校的学生会和社团，每年的寒暑假我要去企事业单位、银行实习，丰富自己的阅历。
- 我想获得的奖项。我要获得学业一等奖学金，在此基础上争取国家奖学金，努力成为三好学生和优秀毕业生。

### 毕业之前系列

毕业之前，为了实现我的目标，我要做到的事情包括以下方面：

- 我要成功考研。从大一就开始努力学习，尤其是数学、英语、专业课等课程，把基础打牢。

- 我要成功考公务员。经常关注时事热点，养成看新闻的习惯；每周进行写作训练，锻炼自己的文笔。
- 我要出国深造。从大一就开始努力学习英语，争取高分通过雅思或托福；练习英语口语，提高沟通能力。

> 厚积薄发：量变引起质变！

给大学四年定下目标是关键的一步，但强制自己执行才是制胜法宝。大学四年就是一个厚积薄发的过程，从大一就开始一点一滴地积累，到了毕业之前，你一定可以实现自己定下的目标。如果你只是完成了目标的制定，却没有付诸行动，那么你的目标终将只是“目标”而已。

请记住：“现在让你感觉很安逸的东西，将来一定会让你痛苦；现在让你感觉很痛苦的东西，将来一定会让你笑着说出来！”

## 7 苦四年还是苦四十年

> 父母也不知道这是一句“善意的谎言”，其实上了大学只是换了一种辛苦的方式！

高中三年大家历经千辛万苦，最后终于跨过高考这座独木桥，进入了盼望已久的象牙塔。“终于解放了！”我想不仅我有这种想法，很多刚进入大学的同学都会有这种想法。很多父母在孩子上高中的时候会对孩子讲："再苦再累也就这三年，等你上了大学就轻松了。"不知道有多少同学曾被这种"谎言"欺骗过。进入大学之后，你会发现大学生活并不像父母说的那样轻松。

这里，我要告诉你：大学并不真如其英文university的中文谐音一样可以"由你玩四年"，大学四年不是让你来享受的，而是让你来吃苦的。当然，我并不是反对你在学习之余放松和娱乐，而是希望你懂得这四年的主题是刻苦学习。

怕吃苦，苦一辈子；不怕苦，苦一阵子。2015年热播的一部电视剧《芈月传》，当时学校里几乎一半的女生都在追看。芈月吃了很多苦，付出了巨大的代价才登上权力之巅，而现实生活中作为主演的孙俪也是历经艰辛才成为"银屏霸主"。孙俪在面对媒体采访时说："除了拍完《玉观音》后歇了三个月，十年来，我几乎再没有休息过一天，这比小时候练舞，比在部队里种地、赶猪、掏阴沟要累得多。"孙俪本可以拼颜值，可仍在拼实力，这值得我们学习。

> 一定要走出"自我舒适区"！

人生有两条道路可以选择：要么吃苦十年，精彩五十年；要么安逸十年，吃苦五十年。与孙俪的做法相反的是，很多同学在大学里找到了"自我舒适区"，在安逸的生活中不肯做出任何改变。这些同学大多"选修课必逃，必修课选逃"，整天宅在宿舍，能点外卖就绝不去食堂，作业应付了事，等等。

所有不想念书的学生，都会不约而同地找一个不读书、不学习就能成功的案例来作为放纵自己的心理安慰。不过，随着社会的发展，人们将极难在自身知识匮乏、能力欠缺的条件下通过投机取巧创造一夜暴富的奇迹，只有遵循优胜劣汰、适者生存的规则才能不断进步，从而取得成功。叛逆和疯狂的青春当然随你选择，但大学四年的放纵换来的可能是一生的穷困和潦倒！

大学四年是人生中最为关键的四年，也可能是我们学生时代最后的四年。大学是我们从学校进入社会的一座桥梁。一辈子是“先甜后苦”还是“先苦后甜”都将由你自己选择。如果你选择比别的同学多付出一些努力，那么你会比其他同学有更大概率获得成功。

在写本书的过程中，我有时心生感慨，想到那句“如人饮水，冷暖自知”。很多人认为读大学是一件很容易的事情，其实只有正在读大学的同学知道，大学生活并没有想象中那样轻松。每当遇到困难和挫折的时候，我总会想到那首带给我感动和动力的歌——刘德华的《今天》。

## 8 小心“陷阱”：传销、替考、校园贷

深陷沼泽，无法自拔！务必多加小心！

在你进入大学之前或者放假回家之后，家人可能会在你的耳边唠叨：“千万别做坏事，做个听话懂事的好学生。”很多同学无法理解地说：“我是去读书的，能做什么坏事啊？”但是，谁能保证面对那么多的未

知和诱惑，四年之后的自己一定能“安全上岸”呢？

四年走下来，有的同学很庆幸自己没有被曾经的诱惑“俘虏”，没有因为无知让自己深陷隐藏在大学里的“沼泽”。但是，也有一些同学因为各种情况却沿着错误的方向越走越远，最终毁掉了自己。

其实，看似洁白无瑕的象牙塔里也有许多不为人知的陷阱，你一不小心，就会深陷其中。那么，大学里的陷阱究竟在哪里呢？大学的诱惑又是什么呢？

## 传销

自20世纪90年代国家大力打击传销以来，传销活动仍然在大学生群体中泛滥。这些传销人员大多采取招工、会见网友和旅游观光等方式进行诱骗，从而引人进入传销组织，从事传销活动。大学生是传销人员进行诱骗的主要目标人群，在一些被捣毁的传销窝点里，涉案人员中有90%左右都是大学生。

令人不解的是，传销活动害人害己这一观念早就深入人心，怎么还有那么多大学生加入传销组织？不少人将问题归结为当代大学生思想单纯。其实，这一指责并不准确，如此多的大学生陷入传销陷阱，很难只用学生思想单纯来解释。

传销在大学生中蔓延已经有一段时间了，大学生陷入传销的问题越来越受到社会各界的重视。那到底是什么原因让大学生屡屡跌入传销陷阱呢？

学校固然要承担部分责任，比如对传销活动的危害宣传力度不够，没有让在校大学生对传销活动有足够的认识；但从大学生自身来看，大学生缺乏人生经验、危机防范意识不强，若没有从根本上认识到传销的危害，没有从内心树立起防范意识，则极有可能掉进传销陷阱。

## 替考

某网站曾报道，高校考试替考成为大学生赚外快的渠道，价格几十元至上千元不等。你身边可能有这样的情况发生：期末时，一些人动起歪脑筋，花钱或者利用人情请同学帮忙替考，而不少高年级或者已读研的学生则将替考当成赚外快的渠道。替考不仅仅出现在学校组织的期末考试中，也出现在英语四、六级考试和一些职业资格认证考试中。然而，为了“哥们儿（姐们儿）情义”或是几百块钱而违反学校纪律甚至法律，值得吗？或许你在这次替考中没有被抓到，但你不可能每次都不被发现。一旦你因为替考被抓到，等待你的不仅仅是学校的严惩（比如记过、留校察看甚至开除等处分），更有可能是法律的制裁。所以，千万不要抱有侥幸心理，不要拿自己的前程开玩笑。

## 校园贷

> 小心点！大学生是骗子行骗的主要目标！

近年来，“校园贷”在国内高校持续发酵，其受害者均为在校大学生。很多大学生通过校园内张贴的分期小广告与“校园贷”公司签订了借贷合同。经“手续费”“服务费”等盘剥后，借款的大学生被要求偿还的数目远远超出其实际借款，如果因超期还款被“校园贷”公司认定违约，须归还剩余本息并另付“逾期费”。

如果你经常关注新闻，那么你会发现高校女大学生“裸借”现象也频繁发生。多家媒体披露，一旦借贷者无法及时还款，放贷者就会以公布借贷者的裸照给其家人朋友进行要挟。为了满足自己的虚荣心，就拿自己的尊严和一生的幸福做赌注，这样做真的值得吗？

# 第 2 章
# 读书和学习

学生当以学习为“天职”，但不能把学习狭义地理解为“学好数理化”或者“考试不挂科”。在一定程度上，读书和学习是为了从更多的角度思考和解决问题，从而拥有更多选择的机会，而学习的真正起点就在大学。

本章旨在给你大学四年的学习恰当的指导，比如，如何对待大学四年的课程，怎样学习大学英语和计算机，是否要考证、转专业、辅修第二学位、参加科研项目，等等。希望你在本章中能有所收获，从而在四年的大学生活中取得更大的进步。

# 1 “三座大山”：基础课、专业课、选修课

大学课程不像高中课程那么紧张，你会有更多时间去做自己喜欢的事情，比如打篮球、踢足球、读书、旅行等。不过你要明白，大学生要以学习为天职，把刻苦学习和认真完成学校规定的课程作为大学期间的首要任务。在这个问题上，“必修课选逃，选修课必逃”成为一些同学的上课方式。

就这样，一个学期过去了，他们只上了屈指可数的几节课，考前在课堂上见到老师时，期待着老师画重点，老师却说上课讲的都是重点，结果一些人不可避免地挂科了。

大学的课程分为三种，分别是基础必修课、专业必修课、选修课。不同性质的课程对你有着不同的影响。

## 基础必修课

国内很多高校在大一开设的课程都是基础必修课，比如高等数学（微积分）、大学英语、大学计算机基础、大学生心理健康、大学体育、形势与政策、思想道德修养与法律基础、中国近代史纲要等。这些基础课程往往不被大家重视，但事实上，基础必修课可以进一步提高你的理论基础。如果你打算考研或者考公务员，那么

这些理论性较强的科目会对你有很大帮助。如果你想在期末测评中获得奖学金，那么你更要好好地学习这些科目，从而在考试中获得高分。

在所有基础必修课里，你需要足够重视数学。因为数学不像其他科目，你无法在考前短时间内突击复习，你需要平时上课认真听讲，并在课后多做习题。这样，你才能轻松地应对考试，才能考取高分。

## 专业必修课

到了大二或大三，学校的基础课程也基本上学完了，接下来都是专业课。很多同学认为专业课比基础课更重要，其实不然，专业课和基础课同等重要。不过，你在工作岗位上会应用到更多的专业知识，所以要重视专业课。

学好专业课对考研专业课复习很有帮助！

我所学的专业是工商管理，专业课程主要有经济学和管理学两大类。经济学课程主要有政治经济学、微观经济学和宏观经济学等，管理学课程主要有管理学、战略管理、人力资源管理、市场营销学、生产管理、质量管理、财务管理等。学好专业课对完成毕业论文有很大帮助，因此我们很有必要把专业课基础学扎实。更重要的是，考研的专业课内容很多都是我们在学校学习的专业课内容。如果我们在第一遍学习时把专业课的基础学扎实，那么我们在考研复习时会轻松得多。

我考研报考的是经济学专业，专业课考试科目是宏观经济学、微观经济学和政治经济学，考试内容基本上都是大学课堂上讲过的。我周围的很多同学在考研时报考的是管理学和经济学，他们的专业课参考书目也都是本科对应课程的教材。所以立志考研的同学一定要把本科阶段的专业课学好、学扎实。

教我们“公司治理”课程的石老师是一个知名高校的博士，他在读博期间写论文时需要统计数据，用到的统计学中的很多知识都是本科阶段学到的内容。你在参加工作后就会发现，很多工作岗位是需要专业知识的，比如市场营销专业的同学在制订一个营销方案时会用到很多营销学中的知识，如市场定位、市场细分等。

所以，在本科期间把专业课学好对继续求学深造或者参加工作是有很大帮助的。

为了帮助你更好地学习专业课，从而领先身边其他同学一步，我提出了以下几点学习建议。

- 在网上或者学校的图书馆里找五本专业期刊（期刊有普通期刊和核心期刊等类别），熟读这些期刊，在阅读的过程中你就会产生一些写作灵感。登录中国知网、维普网等下载相关文献，参考这些文献尝试撰写学术论文并进行查重和投稿。国内的很多期刊都有本科生作为第一作者发表文章的情况，你也可以尝试着去撰写学术论文。阅读期刊、查找文献和撰写论文能锻炼你的逻辑思维能力，并对你撰写毕业论文很有帮助，而且已经录用或出刊的论文对你将来考研或者就业有很大的帮助。
- 向专业课老师请教，与专业课老师交流，请老师给你提供一份专业书单，通过去书店购买、网店购买或者去图书馆借阅等方式来获得图书，仔细阅读后和专业课老师交流探讨专业问题，以提高自己的专业素养。

- 在网上搜索国内外知名高校开设的专业课程，下载并学习。这样你不仅可以聆听到国内名师的课程，也可以接触到国外知名学府的先进理念和学术思想，在拓宽专业视野的同时还可学习英语。

### 选修课

谈到选修课，我清楚地记得自己曾经闹过这样一个笑话：学校要求我们均匀选择选修课，总计十三个学分，比如人文社会科学类两个学分、自然科学类两个学分等；我误以为只要选够十三个学分就行，于是选的课程都是人文社会科学类的，当时还是室友提醒我并帮我修改的。如果没有他的帮助，那么我很可能都没法毕业了。

因此，你一定要注意，入学之后要好好地读一读学生手册，仔细了解学校规定的各种注意事项，这样做事情才不会出错！

在清楚地了解选修课的选课机制之后，你就要考虑如何选择选修课了。很多同学在选课之前会向高年级的学长学姐询问哪位老师的选修课考试是以论文或开卷考试的形式结课的，或者哪位老师在上课时从来都不点名，于是这些老师的课会在学校开放选课系统后的第一时间被选满。

这里，我有一个小小的建议。你完全可以利用大学里的选修课来培养自己的兴趣爱好，而且在选修课上可以充分地放松自己。

> 有些同学上了大学之后，觉得任何课程都是用来放松的！

晓亮是我的高中同桌，在南京读大学。他在大二时选了一门“生态安全理论”课程，但打印课表的时候不知道是怎么回事，纸质课表里没有显示这门课。临近期末考试，他在登录学校的教务系统查阅考试信息时，发现还有一门选修课没上过呢！他说：“连老师长什么样子都不知道，还考什么呀！”在学期的最后几周，他在上这门选修课时总是坐在第一排，下课后还去找老师解释，后来考试时也比较顺利，总算没有影响成绩。

关于选修课，我们宿舍的几个室友差不多选的是一样的。他们认为这些老师的课“好过”或是室友可以在老师点名时“帮助”一下。我则按照自己的兴趣选课，四年里我选修了社交礼仪、口才艺术和创造性思维训练等课程。我还想选中外酒文化、茶艺鉴赏和音乐鉴赏等课程，但因为课程限制而没法选。不过，我有时也会去蹭几节课，可以学到很多知识。

因此，在选择选修课时，你应该适当结合自己的兴趣，让自己在课堂上收获知识。

## 2 期末考试：六十分万岁还是拿奖学金

大学里，同学们对待期末考试的态度很有意思，可谓是“有人欢喜有人忧”。欢喜的是学霸，因为他们又可以通过考试证明自己的实力，轻松地拿到奖学金了；忧愁的是学渣，因为对他们而言，期末考试能不能通过还是个未知数，只能在心里默念“六十分万岁，多一分浪费”，但大多还是难以避免补考或者重修的结局。

面对期末考试，不同的同学有不同的做法。就拿我们宿舍举例，大家在期末考试前的状态都不一样。老三平时从来不学，考试前如临大敌，整晚拿着台灯“头悬梁，锥刺股”，可还是难逃挂科的命运；老五上课认真听讲，课余时间在图书馆积极复习，即使临近期末，晚上回来也能不急不慌地听音乐入睡，成绩出来后他又能拿一等奖学金。

小硕是信息技术学院的一名同学，我们俩是通过篮球比赛结识的。有一次，我们一起在食堂吃晚饭，他说吃完晚饭后要去固定教室上自习，这是他班里的强制要求，每个同学都必须参加。后来我才知道，原来是他们班的班长通过辅导员向学院申请，再由教务处批准，给他们班安排了上晚自习的固定教室，给同学们创造了一个相互学习、互相帮助的机会。他们班从期末考试前一个月就开始一起上晚自习，班长带头并维持纪律，同学们都自觉配合，努力复习功课，相互答疑解难，最后他们班的每一名同学都顺利通过了期末考试。

关于期末考试，我有几点经验可以与你分享。

## 多向老师和学霸取经

> 方向比努力更重要，要学会抓重点！

期末考试在一定程度上是一场信息资源争夺战，毕竟一个学期的内容那么多，一张期末试卷不可能面面俱到，所以会挑重点就显得很重要。有些老师可能会规定考试范围，有的老师则会说“整本书都是重点”。面对后面这种情况，你就要向学霸取经了。学霸之所以被称为学霸，他们学得好是一方面原因，另一方面是因为他们大多具备抓重点的能力，也许他们的帮助能够让你避免挂科呢！如果你自己就是学霸，那么面对同学们的求助，希望你能知无不言。

### “临阵磨枪”胜过“放弃治疗”

平时在图书馆和教室自习的学生寥寥无几，但是一到考试周，图书馆和教室都座无虚席，同学们都在努力地为期末考试备战。如果你处在挂科的边缘，那么你更应该在考前多努力。

### 千万不要挂科

如果你想拿奖学金、评优、入党，千万不要挂科，否则这些一概会受到影响。而且，挂科之后你还需要补考。如果补考不过，那么你还需要重修，这实在是浪费时间和精力的事情。

嘿！同学！
送你点干货！

写到这里，我想和你分享一个小插曲。大四时，有一次我帮老师审核专业课试卷的分数，让我感触很深：那些字迹工整漂亮、逻辑清晰的试卷明显能比字迹乱糟糟、逻辑混乱的试卷获得更高的分数。基于那次“阅卷”的经历，我希望学弟学妹能掌握一些考试技巧，避免“自我感觉良好，分数依然不高”的情况发生。为了做到事半功倍，我总结了三点很实用的考试技巧，在这里与你分享。

- 书写时，不管你的字迹是否美观、漂亮，一定要力求工整，给阅卷老师留下一个好印象，这真的太重要了！站在阅卷老师的角度考虑一下，乱糟糟的文字是不是会让人觉得索然无味呢？老师在潜意识里就已经给你一个“差评”了！
- 阅卷老师最讨厌的就是答题“不分点”——把知道的和不知道的内容都堆砌在一起，让老师自己去找答案。老师哪有时间帮你找答案呢？所以，在作答时一定要做到条理清楚，按照“重点到非重点，宏观到微观”的原则把每一点都写清楚。
- 不管这道题你会不会、掌握得是否全面，该答的内容都要写全面，尽量不要省略文字。

很多在校大学生都有过考试作弊的经历，只是有的被抓了个现行。其实，你的那些“小打小闹”，包括缩印、传纸条、瞄两眼同学的试卷等，监考老师心里都清清楚楚，有些时候老师只是想给你留个面子而已。但是，你要是挑战监考老师的底线，明目张胆地做一些大动作，比如直接用手机来搜索、把试卷带出考场等，我只能告诉你：“不作死就不会死！”所以，千万不要作弊。

不作死
就不会死！

小川是我的学弟，他就因为一次考试作弊被学校处以严重警告。学校三令五申，考试期间禁止考生将通信设备带在身上。他要了个心眼儿，不巧的是，他刚拿出手机就被监考老师抓到，最后挂科不说，还背了个处分。

其实，你大可不必因为担心自己会挂科便铤而走险。一方面，期末考试的试题都是自己老师出的，90%左右都是基础题，平时上课认真听讲，期末考试前好好复习，通过是一定没问题的；另一方面，阅卷的都是给你上过课的老师，对于“将近”及格的试卷，老师都会让你“飘过”，除非你自己一点也不会，分数低得离谱，老师就是想帮你也没办法。

每个作弊的同学都抱有侥幸心理，但总会有人为此付出代价。作弊的风险太大，还是算了吧！

## 3 英语、计算机：必学的两项技能

### 英语

在如今的学习和生活中，英语无处不在，英语的重要性也不言而喻。我们在大学里之所以要把英语学好，不仅是为了通过期末考试和四、六级考试，更是为了让自己拥有认识世界的工具。

还记得刚进入大学时，我们要参加为期一周的军训，学校餐厅旁边有个书摊，我和同学就去那里转了转。我买了一本英语六级词汇，并利用军训的空闲时间加以学习。一周军训结束，我也把那本手掌大的书翻完了，并记住不少。后来在正式复习英语六级考试时，我用的就是那本书。有其他同学也跟我一起买了单词书，但他们几乎没看过，他们觉得不用这么早背单词，背了也会忘。到了大学临近毕业收拾宿舍的时候，他们又看到了当时在军训的时候买的单词书，几乎没怎么看过。

在习近平主席访美时，中外媒体关注到了这样一个人物——翻译孙宁。作为翻译官的孙宁，以其精彩到位的翻译、优雅睿智的形象和灵活巧妙的应变捕获了众多媒体的镜头，受到了国内外的一致认可。孙宁在2003年8月进入外交部翻译室，2004年9月公派赴英留学，曾先后担任两任外交部部长李肇星、杨洁篪的随身翻译，并担任国家主席习近平、国务院总理李克强的首席翻译。

2013年，孙宁在李克强总理答记者问上展现“大白话现场翻译”的神功，赢得掌声一片。李克强总理在谈到政府简政放权时说“我们要有壮士断腕的决心”，孙宁翻译为“We should have the determination to cut the wrist like brave warriors”。李克强总理在谈到两岸同胞的关系时说“打断骨头还连着筋”，孙宁又翻译为“Bones may be broken，but they are not split，because we are compatriots”。

大学里该怎么学好英语，我们能从孙宁的学习经历中得到很好的启示。孙宁说，他在初中时就要求自己每篇英文课文听三十遍录音。每天晚上他都会捧着随身听，听一遍在纸上画一道杠，直到画满六个“正”字。虽然他不能保证每遍都精神高度集中，但那么多遍听下来，他的语感也有了很大的提高。当然，听的时候一定要保证录音的质量——最好是以英语为母语的人用正常速度录制的，否则听得越多坏处越大。

此外，孙宁善于琢磨，能够举一反三。孙宁记性差，不愿背课文、单词和语法，就试着让自己多理解，理解了就不用背了。面对考试，孙宁每次都会问自己：出题人想考的是什么？这样他就不用陷于题海战术，以至白白浪费掉宝贵的时间。

从他的经验来看，学习英语没有捷径，唯有踏实自学、勤奋刻苦才能有所收获。虽然有的办法看起来“笨”，但只要持之以恒就一定有效果。

晓文是一位已经考上国内某知名高校博士的学姐，有一次我和她聊天，她说：“经历过高考、考研、考博，我发现学习英语最重要的就是背单词，词汇量的多少和考试成绩是成正比的！”她从进入大学之后就开始背词典，她说：“从高中起我就意识到了单词的重要性，到了大学我便开始背词典。本科四年，一本《牛津高阶英汉双解词典》都被我翻烂了；读研期间，我也利用早晨和睡前的时间背单词。这几年的坚持让我的词汇量大大增加。”

学习英语最重要的是坚持，晓文学姐的经历告诉我，英语学得好的同学不一定是天才，但一定是最踏实刻苦、努力付出的人。

相信你身边也有很多这样的同学：为了学习英语到书店买英语书，结果买完书后，前几天的学习兴趣很浓，后来学着学着就放弃了。学英语是很枯燥的，要想学好英语，除了坚持之外，培养兴趣并找到适合自己的方法也同样重要。

大军和我是一个学院的同学，他的英语很棒，四、六级和托福考试的分数都很高。他在大一时就考虑出国留学，于是便给自己制订了英语学习计划。他有一套很巧妙的英语学习方法，他每天晚上睡前都会看

> 找到适合自己的学习方法+持之以恒=学好英语。

一个小时美剧，就连平时看NBA（美国职业篮球赛）比赛都是听“原声”的。大四时，我们一起聊天，他说：“最开始看美剧完全是把它视为一种娱乐，但后来发现美剧和原声NBA中的英语表达很地道，这是国内的英语老师提供不了的。而且在看美剧时还不容易犯困，这是一个训练口语的好办法，也能帮助我更加深刻地理解国外的文化，所以我在大学期间一直坚持看美剧。”

## 计算机

大学里一般有计算机课程和计算机等级考试。计算机等级考试一般是同学们自愿报名，而计算机课程则是学校的必修内容。我们班有很多同学都报名参加了计算机等级考试。到了大四应聘工作时你会发现，很多用人单位很重视应聘者是否拥有计算机等级资格证书。所以，为了给自己的求职增加一点筹码，你需要努力把计算机学好。更进一步讲，在计算机办公时代，如果你没有掌握基本的计算机操作技能，那么你将在工作和学习中处处受限。

读完大学四年，你应该具备最基本的技能——能够熟练操作办公软件。此外，最好还要学习一些高级应用技巧，未来你会发现这种本领将逐渐成为你在学校甚至职场中的一项优势。

小凯是我们班的一个同学，大一时加入了院学生会信息技术部。通过一年的学习，他掌握了很多关于办公软件的高级操作以及视频的制作和剪接技能。当时，我们班申请优秀班集体的汇报PPT（演示文稿）和学院运动会的视频都是他制作的。到了大二，他不满足于已经掌握的技能，开始通过参考书和网络视频自学。到了大四，已经有公司请他制作宣传视频，而且报酬不菲。参加工作后，公司的宣传视频和领导工作汇报的PPT都由他来做。他凭着自己的本领得到了领导的赏识。

正所谓“技多不压身”，熟练地掌握一些计算机操作技能一定会对你的学习和工作有所帮助。在学习和工作中，你常常会遇到一些自己不懂的问题，查阅相关图书或向别人请教都是时间成本极高的解决方法。因此，大学期间一定要尽可能全面地掌握计算机基础知识，让自己在学习和工作中更加得心应手。

## 4 官宣：科研项目、学术竞赛开始报名啦

提到科研项目、创新创业训练项目、学术竞赛等，很多同学认为这些都是学霸甚至教授做的事，跟自己没多大关系，所以大多数同学一直扮演着看客的角色。有些同学会想：“这些跟我没关系，我只要顺利拿到毕业证书就行了。”虽然参不参加科研项目和学术竞赛并不会影响你毕业，但若因为拒绝了解、胆小怯场等主观因素错过这些项目，将来你一定会感到遗憾和可惜。

大三时，我和几个同学一起申请了一个关于农村电子商务发展的科研项目，该项目主要研究民族聚居村如何使用电商渠道向外销售农产品和拓展业务。当时，我也是第一次申报项目，非常紧张和担忧，便向成功结项的学长学姐请教，然后反复修改项目申请

书。最终，我们的项目不仅成功立项，还由校级项目升级为省级项目。

后来我才明白，像这种既和专业匹配又具有研究价值的项目是能得到学校肯定的。就像理工类院校的学生设计出的产品，如果既符合市场需求又能创造出价值，也一定能得到学校或者老师的认可，而且学校会把参加科研项目并获奖作为评奖学金和评优的重要参考条件。再往长远考虑，申请科研项目的经历在一定程度上还能帮助你读研和就业。

大学生成功申请科研项目的经费可以作为发表学术论文的版面费哦！

大四时，有一件事让我很受触动。小梅是我的一个学妹，当时正读大二，她向我询问："学长，我写了一篇文章想要投稿发表，我到大四时想考研究生，这会对考研有帮助吧？"正好我有过相关经验，便把我知道的关于寻找合适期刊并投稿的相关经验告诉了她。她又说："学长，我们正在做一个大学生创新创业的科研项目，这篇文章就是通过项目调查和查阅文献完成的，可以说是这个项目的科研成果。"

她的意识已经超前于其他同学一大截儿了，可能连部分高年级的学生都比不上她。一个大二的学生未雨绸缪，为自己确定了考研的方向，在确定方向之后又通过做科研写论文为自己积攒资本和经验，这实在令人佩服。

除了科研项目之外，大学里还会有很多学术竞赛，比如全国大学生数学建模竞赛、大学生英语竞赛、“互联网+”大学生创新创业大赛、“创青春”全国大学生创业大赛、大学生物理竞赛、高校自动化设计大赛、全国大学生机器人大赛等。参加这些竞赛能够培养你的逻辑思维能力、合作能力、演讲能力等。如果你能获奖，那么这不仅会给你的大学生活增光添彩，还会让你在读研和就业时更有优势。

参赛作品最重要的是什么?

选题！选题！选题！

## 5 理性考证，别盲从

很多同学在大学期间都有考证的经历，比如会计从业资格证、教师资格证、计算机等级证、物流师资格证、人力资源管理师证等。这么多的证书，考还是不考，考哪些，怎么考，很多同学为之犯难。犯难后的结果就是，他们把所有时间都赔上，眉毛胡子一把抓，不管有用没用，只要能考的都去考。他们的理由往往有两个：第一，社会就业压力太大，多考几个证书能为自己将来的就业增加筹码；第二，身边的同学都去考了，自己不考的话就会被人甩在身后。而后一个理由驱动的考证更像是从众心理主导下的被动选择。

其实，我们需要理性对待考证。大学里时间相对充裕，考一两个证书也可以，这些证书可以证明大学的时间没有被你白白浪费，但考证不必盲从。

选择考证之前至少要思考几个问题：这些证书是自己专业所需要的吗？这些证书对自己就业有帮助吗？时间是花在考证上合适，还是花在其他地方更值得？如果你认为自己有更有意义的事情去做，那么你不去考证也可以。有的面试官在招聘时就直言："我们公司对毕业生在证书方面不做要求，相比证书来说，我们更看重学生的专业成绩、实习经历和综合能力。"

读大学时，我利用课余时间考取了会计从业资格证、计算机二级证和人力资源管理师三级证，我们班里也有同学考取了教师资格证和导游证。毕业后你会发现，如果不从事相关的工作，那么这些证书几乎没有用。

晓美是我们专业的一名女生，也是"考证大军"中的一员。大学里只要能考的证书她都要去试一试，用她自己的话说就是"管它有用没用，先考下来再说"。每次上课，我都会见她在复习资格考试的内容，大学四年都没有停止过，最终她成了我们专业持证最多的同学。她在毕业的时候去了一家公司应聘人力资源，公司的面试官还对她开玩笑说："你的专业成绩和你的证书数量似乎不成正比呀！"

我相信你身边也有很多同学在考证的路上"一往无前"。其实，大学四年，最关键还是学好基础课程和专业课程，这才是你的核心竞争力。虽然证书能代表你的时间没有浪费在无用的事情上，可证书终究是

证书：不是越多越好！

锦上添花之物，并不能展示你读大学时的成绩。所以，要分清主次，理性对待考证。

当然，并不是所有的证书都没有用，有些证书能够很好地提升专业能力，帮助你提高就业机会，比如法律职业资格证、会计从业资格证和驾驶证。

**法律职业资格证**

法律专业或者想从事法律相关行业的同学考这个证书是很有必要的，他们需要参加传说中的“司法考试”——全国几大困难的考试之一。

晓萱和我是同届的同学，她读法律专业，我们因为在同一个考研教室学习而结识。不可否认的是，她是一个学霸。在连年拿奖学金的同时，她还在大四时高分通过了司法考试，最后顺利考上了国内知名高校的法学研究生。

**会计从业资格证**

对于会计专业或者想从事财务会计相关行业的同学来说，把会计从业资格证考下来是很有必要的。大学期间，很多同学一般会先考初级会计证，但也有部分同学能在大学四年通过注册会计师（CPA）考试，这样的同学就很厉害了。还有少数同学能够通过特许金融分析师（CFA）考试，这是国际通行的金融投资从业者专业资格考试。

### 驾驶证

驾驶证对任何同学来说都是必要的。身处学校，你可能还察觉不到驾驶证的重要性，但在参加工作后，你就会发现没有它还真是“寸步难行”，出差、陪客户应酬、完成上级交代的任务等都可能需要你具备驾驶技能。所以，在大学期间把驾驶证考下来是一个明智的选择。

对于考证，应该秉承这样一种观点：考证是为了让自己能更好地参加工作，对自己未来的发展有所帮助，而不是“随波逐流”。大学四年有很多比考证更重要的事情，而且这些事情需要你用大量的时间来完成。

## 6 转专业，双学位

### 转专业

初入大学后，有些同学对自己所学的专业不太满意，或者觉得自己的专业不是热门专业，一心想着到大二转专业。其实，每一个特定的历史时期都有社会强烈需求的专业——也就是大家所说的“热门专业”，但并不是读热门专业就一定能不费吹灰之力找到称心如意的好工作。很多同学会受到长辈的影响从而产生思想上的“误区”。

1977年我国恢复高考时，哲学是大家竞相报考的专业，同时受陈景润等著名科学家的影响，数学、物理学等学科也很受欢迎。

20世纪80年代，随着改革开放的逐步推进，国内高校纷纷成立经济管理学院，工商企业管理很快成为当时的热门专业。到了20世纪90年代，随着外贸的不断发展，国际贸易、国际商务等专业不断受到追捧，录取分数不断提高。进入21世纪，随着科学技术不断进步，新能源、信息技术、生物医药、人工智能、大数据逐渐成为广大学子追捧的专业。

专业的“冷热”是随着社会发展而变化的，与其把自己的前途寄希望于“热门专业”上，不如沉下心来，一门心思地把自己目前的专业学好。表2–1列出了部分中国知名人物的毕业院校与所学专业。

**表2–1　部分中国知名人物的毕业院校与所学专业**

| 姓名 | 公司 | 毕业院校 | 所学专业 |
| --- | --- | --- | --- |
| 许家印 | 恒大集团 | 武汉科技大学 | 金属材料及热处理 |
| 王健林 | 万达集团 | 辽宁大学 | 经济管理 |
| 李彦宏 | 百度 | 北京大学 | 信息管理 |
| 马云 | 阿里巴巴 | 杭州师范大学 | 英语 |
| 马化腾 | 腾讯 | 深圳大学 | 计算机 |
| 刘强东 | 京东 | 中国人民大学 | 社会学 |
| 王传福 | 比亚迪 | 中南大学 | 冶金物理化学 |
| 郭广昌 | 复兴国际 | 复旦大学 | 哲学 |
| 张近东 | 苏宁 | 南京师范大学 | 中文 |

有的知名人物所在的行业跟他们的专业重合，有的却跟他们的专业完全无关。可以说，大学所学专业和个人就业与发展具有一定的联系，但所学专业并不能直接决定你将来从事的行业。不可否

认的是，大学期间学好自己的专业才是硬道理，过硬的专业基础和优异的专业成绩能让你拥有更多的选择权。

当然，转专业也是可行的，如果你清楚地了解自己的兴趣爱好，以及目前所学的专业不是自己喜欢的专业，那么你可以追求自己喜欢的专业，毕竟把兴趣和学业结合起来才会让你在学习中感受到快乐。不过，你要考虑清楚，因为你所学的专业直接影响着你的大学生活和就业方向。

最后，我提醒你一句：如果你想成功转专业的话，你在大一就要努力学好基础课程，争取在期末考试中取得好成绩，因为只有专业排名靠前的同学才能转专业。对于专业排名的要求各个学校各不相同，但只有进入那个行列你才具备转专业的条件。所以，提高学习成绩才是关键。

> 成绩才是硬道理!

## 双学位

进入大学之后，一部分同学在对自己的专业有了深入的了解之后，发现对自己的专业不感兴趣，于是便考虑辅修第二学位，想拿两个学位证书。

辅修第二学位可以丰富自己的知识结构，提高专业素养，开阔自己的视野，毕业的时候能比其他同学多拿一个学位证书，听起来是一个相当不错的选择。不过，大学里很多重要的抉择都会关系到毕业之后的工作选择以及未来的发展，因此对于辅修第二学位这件事，最好以个人发展为导向。

大立是我的直系学长（不同届，但班级号相同，如都是一班），我们学的专业都是工商管理。他在大学辅修了一个金融学的学位，因为他想在毕业时进银行工作。毕业之前，他成功拿到了两个学位证书，也成功地进入银行工作。

如果你打算考研或者考公务员，那么辅修第二学位可能与你的备考存在时间上的冲突。如果你想在毕业之后就参加工作，那么辅修一个与所从事工作相关的第二学位是个不错的选择。

我在大二时也曾产生辅修第二学位的想法，这源于教室桌子上的小广告。我当时觉得双学位在毕业时会给自己增光添彩，便去报名点详细咨询。当真正地了解了修第二学位的流程时，我发现辅修第二学位并没有想象中的那么简单。这是一项耗时耗力的巨大工程，与我的个人计划相冲突，我便果断放弃了辅修第二学位的想法。

对于是否选择辅修第二学位一定要慎重，“鱼与熊掌不可兼得”，你要保证自己的学业、考研、考公务员等其他优先选择不受影响。一旦你选择辅修第二学位，你就要义无反顾地坚持自己的选择，持之以恒地走下去。

## 7 每年听二十场讲座

大学是国家培养人才的重要基地，除了提供课程，还会举办各种讲座。丰富多彩的讲座有利于活跃学术气氛，鼓励理论研究和学术创新，开阔学生的视野。

我们学校图书馆对面有一个通告牌，上面发布的是学校邀请国内外知名专家来学校做讲座和报告的信息。学校几乎每两三天就会举行一次讲座，主题也是各种各样，涉及艺术、文学、人生哲学、就业规划、科学信息、前沿技术、论文写作指导等多个方面。每个学校基本上都会有类似的讲座，如果你每年坚持听二十场讲座，那么你可以获得更多的新思想和新知识。

大三下学期，我和同学参加了一个考研指导讲座，主讲人是一个考研辅导机构的负责人。那个时候我刚有考研的打算，但对如何选择学校和专业、什么时候开始复习、购买哪些复习材料等问题一概不知。讲座是围绕考研的整个备考过程展开的，也包括所有上述我想了解的细节。讲座结束之后，我和参加讲座的同学对于如何选择学校和专业、购买哪些学习材料、整个复习阶段的时间安排以及如何设定每天学习内容都有了很清楚的认知。

一般情况下，大学里的讲座可以分为指导性讲座和学术性讲座两类。指导性讲座的演讲者能从我们的学业、生活、兴趣、毕业规划等方面给我们切实的指导（前面谈到的考研指导讲座就是指导性讲座）。学术性讲座的重点在于培养学生的学习兴趣，增强学术功底。大学里，要尽可能多地听些对自己有帮助的讲座，不管是哪个学科领域的讲座，它们都可以优化我们的知识结构和提升我们的综合素质。有时，参加讲座还会有意想不到的收获！

小峰和我是同届的同学，他已考上国内某高校的研究生。大学四年，他听了很多场讲座和学术报告。这些讲座和学术报告，不管是专业的还是非专业的，都让他学到了很多知识，为他充实大学生活甚至顺利考研打下了基础。他说，进入大学以后，他发现在大学里可以听到很多专家学者的讲座，能近距离地与他们接触，他感到非常兴奋。在听讲座的时候，他会抓住一切机会向专家请教。

有一次，一位数量经济学界的专家来学校做讲座，小峰向这位专家提了三个问题，而且每个问题都很有深度。小峰在考研复试的时候发现其中一位面试官竟然是那位专家，那位专家也认出了他，笑着对他点了点头。在整个面试过程中，小峰神态自然，信心满满，最终以综合成绩第一的优异表现被那所学校录取。

从小峰的事例中不难发现，听讲座确实能给我们带来很多收获。所以，你应该充分利用大学的讲座开阔自己的视野，在获取多方面信息的同时，更好地认识自己、调整目标。

越努力越幸运！

每听一次讲座，都要在讲座中有所收获，这样才算真正地利用了讲座这种宝贵的资源。听讲座有很多技巧和注意事项，每个人从讲座中得到的有价值的信息也是不同的。那么，在听讲座的过程中，需要注意哪些问题呢？

- 听讲座要有取舍。大学生的时间和精力是有限的，有些讲座的时间可能会与上课的时间相冲突，需要你做出取舍。此外，不同学科、不同种类的讲座内容五花八门，讲座的实际价值也参差不齐，有些讲座纯属商业宣传和炒作，这样的讲座不听也罢！

- 学会在听讲座的过程中记笔记。最好能记下演讲者的个人信息、讲座的题目、讲座的主要内容，因为讲座的笔记在以后的学习研究中有可能用得上。你需要好好保管讲座笔记，最好有一个专门的笔记本。听完讲座并不代表这次讲座已经结束，你还需整理自己的笔记，看看哪些内容对自己的学习、生活有指导作用，看看自己能不能从中得到启发，从而完善和优化自己的知识结构。

要在讲座中有所收获！

## 8 读万卷书：你的气质里藏着你读过的书

小义是我的大学同学，大学期间在国外生活过一段时间。回国之后，他好像变了一个人，曾经酷爱打游戏的他似乎养成了每天读书的习惯。他说："在国外，无论是在车站、候机大厅，还是在公园、地铁，处处可以看到手捧着书读的人，读书成了一道独特的风景。"

听他说完，我终于明白了是什么把他从游戏中解救出来，他的行为也在周围同学中起到了带动作用。当天晚上，我并没有像往常一样洗漱完就入睡，我坐在书桌前思考：“阅读是一种习惯，也是一种力量，而阅读这种习惯往往是高校大学生所欠缺的！”

犹太民族自古以来就崇尚知识和智慧，爱好读书是这个民族的优良传统。据说，他们至今还保留着一个风俗：父母在刚开始教孩子读书时会在旁边放一罐蜂蜜，让孩子边看书边食用；久而久之，孩子们的头脑中就会形成一种意识——“书是甜蜜的”，孩子们会自觉地爱上阅读，并在阅读的快乐中成长。

如今，能够坚持读书的高校大学生越来越少，拿起电脑、手机等智能设备的同学却越来越多。

进入大学之后，你有很多的课余时间，可以好好利用这些时间读一读自己感兴趣的书，养成爱读书的好习惯。有人会说，在当今这个信息爆炸的时代，手机阅读这么方便，还用读纸质书吗？的确，手机阅读是很方便，但阅读纸质书并且随时做笔记远比手机阅读更能锻炼人的思维能力。

我很喜欢读书，并且渐渐发现，书中的道理能够让我们少走弯路，帮助我们修炼气质，书中的知识可以转化为我们自己的思想。想象一下，在完成了课程作业的午后，泡一杯香茶，读一本好书，静享这份悠闲与宁静，该是多么美好的体验！

一杯茶，一本书；一个人，一下午！优哉游哉！

此时，我想说：“图书馆真是一个好地方！”带上一杯茶，在藏书架前，心自然就会静下来。你会发现，阅读真的可以让人忘记时间。当你揉着酸涩的眼睛走出图书馆时，心里很充实，你会暂时忘掉烦恼，收获内心的富足。

大学四年，我读得最多的书是人物传记，这类书也是我最喜欢读的书。读人物传记时，我仿佛在和伟大的人物交流，看他们如何一步一步克服困难，成就伟业。读《毛泽东传》，我领略了毛泽东的领导方法，学习了他指挥战役的“大手笔”和政治智慧，读出了一个意气风发、挥斥方遒的毛泽东。读《李嘉诚传》，我看到了他从身无分文的少年到华人富豪的成长历程，读出了一个具有进取精神的李嘉诚。读《藏锋——刘永好传》，我学习了刘永好的从商智慧，了解了他如何一步步建立自己的商业帝国，读出了一个能够平衡事业与家庭的刘永好。读《黑道教父杜月笙》，我体会了“黄金荣贪财，张啸林善打，杜月笙会做人”的说法，读出了一个深谙处世之道的杜月笙。

多读书！读好书！

对任何一个问题，我们都不应该满足于一个单一的解释，所谓“横看成岭侧成峰，远近高低各不同”就是这个道理。读书可以帮助我们更加理性地思考，使我们站在更高的层面和立场分析问题。这种发散性思维是靠大量读书来培养的，当你的阅读量积累到一定程度时，你对事物的观察和分析自然就会从不同角度来进行，并且能够区分不同角度之间的差异，还能够更好地认识事物的多面性以及世界的多样性，从而避免单一逻辑带来的偏颇和局限。

有句话说得好：“你的气质里藏着你读过的书和你走过的路！”当你阅遍国内外经典时，你的气质自然和普通同学不一样，“腹有诗书气自华”即是如此！

# 9 看新闻、读报纸：了解国事、天下事

进入大学，你就不能像在高中一样“两耳不闻窗外事，一心只读圣贤书”了。虽然我们常说进入大学等于一只脚踏入社会，但大学和社会仍存在脱节之处。因此，你还要通过多种渠道了解当今社会的发展。

小泽是我的高中校友，在北京某高校读大学。大四时，他去北京某政府机关下属的事业单位实习。他利用实习时间，每天在单位读报纸，如《人民日报》《北京日报》《人民政协报》《工人日报》《光明日报》等。通过阅读这些报纸，他对国家时事政治有了非常深刻的了解。

进入大学，很少有同学关心时事政治，只有在考研时会背诵时事政治题。大家关心的都是自己在期末考试中会不会挂科，下一届学生会主席是谁，以及我喜欢的男生（女生）喜不喜欢我。其实，你应该把格局放大一点，在课余时间多了解时事政治，这对你的就业选择会有很大帮助。

让你读报纸可能是为难你，你可能会说：“我上大学这么久就没看见过报纸，你让我去哪里看报纸？”不错，大学生接触纸质读物的机会越来越少，甚至看书都是看电子书。所以，有人提议“返

璞归真”，重新拾起“纸质阅读”。我个人也比较提倡纸质阅读——用一支笔在书本上写写画画能够让我们对阅读的内容有更深刻的理解，可以通过做笔记来感受“书中墨香”，这样别有一番文人雅趣！

> 学习：有收获才是最重要的，不必刻意在乎形式！

当然，随着电子读物越来越多，大学生都倾向于在手机上阅读，这无可厚非，只要你能学到知识就行。你可以在微信上关注一些公众号，比如中国政府网、人民日报、新华社等，它们都可以帮助你了解国家大事。你还可以通过微博等其他平台进行学习。总之，要时刻关注国家和社会的发展，它们对我们的日常生活、就业乃至前途有重大影响。

# 第3章
# 社团和实践

进入大学之后，你不仅要读有字之书，更要学会读“无字之书”，要在“无字之书”中有所收获。

大学四年绕不开的一个话题就是参加社团和实践，比如要不要竞选班干部，要不要参加学生会和社团，要不要兼职赚些外快，以及该去哪些地方实习，等等。本章针对这些问题提出了一些建议，同时对这些问题进行了回答，使你对大学生活有个清晰的认识。

# 1 读大学：更要学会读“无字之书”

奖学金证书只能证明你在考试中获得了高分，并不能说明你比其他同学的能力更强。大学四年，你不仅要学习课本上的知识，更要在实践中历练自己，把理论和实践相结合，在提高学习成绩的同时锻炼自己的能力。

大三时，我读了柴静的《看见》，读完之后心情久久不能平静，那句“别当了主持人就不是人了”至今仍时常在耳边响起。柴静的经历告诉我，一名新闻人并不是待在演播室里照本宣科就能报道出振聋发聩的新闻，更需要“在连线中起步，在调查中发展，多接接地气，用皮肤去感受”。

不仅新闻行业如此，各个行业的工作者要想在其所在领域有所建树，都需要在生活中感悟，在实践中学习。

毛泽东为了读好“无字之书”，一生中做了大量的社会调查——了解中国的历史和现状，将马克思主义普遍原理同中国实际结合起来，解决中国的革命和建设问题。抗日战争时期，刘少奇经常与抗战干部交流前线情况，结合实际工作写成了《论共产党员的修养》，为中国共产党留下了宝贵的精神财富。

老一辈无产阶级革命家的这种求知方法值得我们年轻人学习。

在刻苦读书的同时，我们应该不断地在社会这个大课堂中学习，向群众“取经”，在实践中检验自己的学习成果。

读好“无字之书”是一个日积月累的过程，要靠扎扎实实的生活积累、思想积累和素材积累，要不断扩大自己的“容量”。书是指南、地图、路标，而不是目的地。真正的学问需要我们在实践中获得。

绝知此事要躬行！

大二下学期有一门“市场营销”课程，我们和市场营销专业的同学一起上课，市场营销一班的小振给所有同学留下了深刻的印象。他不仅学习好，还利用课余时间到企业去实习。记得在一堂课上，老师用小振做的一份营销方案作为案例来给我们讲解知识要点，当时所有的同学都很震惊，因为整个方案做得非常细致，有数据分析和地区分析，也有实际的调研案例，一看就知道有实践基础，并非纸上谈兵。

读高中时，大家为了上一所好大学拼命学习，这可以理解。但到了大学，万万不可成为“书呆子”型学生。大学时光只有短短的四年，一定要在这有限的四年里抓住机会历练自己，提高自己。

大学里除了日常学习之外，还有很多实践和实习的机会，比如，竞选班干部，加入学生会和社团组织，申请勤工俭学，兼职，参加学校组织的社会调研，等等。这些“无字之书”都是历练自己的机会，大家可以利用这些机会锻炼自己，为毕业和就业打基础。

# 2 竞选班干部：问问自己的出发点是什么

小谭家和我家距离很近，他比我低两届。大学入学前，他来找我聊天，他说："学长，到了大学我想竞选班干部，班干部是不是能在评奖学金和入党时被优先考虑呢？开学后我是不是应该主动和辅导员搞好关系，多参加学院的活动啊？你能不能给我点建议？"

我接触过很多这样的同学，刚进入大学就立志竞选班干部。对于是否要竞选班干部，每个同学都有自己的看法，但立志要竞选班干部的同学最好问问自己的出发点是什么，也就是为什么要竞选班干部。如果只是为了在评奖学金和入党时能比其他同学"更快一步"，那么这样的出发点已经决定了你不能成为一名被同学认可的合格的班干部。

大学里的班干部并没有大家想象中那么轻松，他们要付出更多的时间和精力，承担更多的责任，承受更大的压力，甚至要忍受别人的误解和责备。这些我都深有感受！当其他同学在追剧、打游戏、打球时，作为班干部的你可能在和其他班干部一起策划班级团日活动，可能为了班上同学的体测成绩在向体育老师求情，也可能因为即将到来的端午节在给大家准备新鲜的粽子，还可能为了集体活动和其他班干部发生争吵。

晓琳是我的高中同学，在成都读大学，在大学里是班长。在高中同学聚会时，她说："大学班干部真是一个费力不讨好的角色，除了要完成辅导员交给的任务，还要组织同学们参加班级活动，关键是有时候还得不到同学们的理解和支持。有一次，我在班级群里发消息，通知大家报名参加团建活动。除了几个'表情包'外，同学们没有给出任何回应。我怕大家没有看到消息，又挨个宿舍敲门，向大家征集意见，但大家热情都不高。"

在有些班级里，班干部大概就是一个"费力不讨好"的角色。大多数同学会觉得，班干部就是为大家服务的，不应该提各种要求，更有同学认为：

- 大家都不熟，没必要一起玩。
- 这些通知太烦了，不如将其屏蔽掉。
- 怎么又要交资料，让我们清静一下吧。
- 不想去参加运动会，还不如在宿舍睡觉。

大多数同学只看到事情的烦琐，将反感情绪无故发泄到班干部的身上，却没想过：

- 为了班集体的荣誉，班干部已经重复了很多遍各种烦琐的工作。
- 为了及时准确下达通知，班干部代表班级参加了无数个会议。
- 为了提高班级凝聚力，班干部在节日前为大家策划了一场场暖心的活动。

即使做了这么多，班干部依旧很难得到大家的理解。当然，有些班干部做得很好，他们通过自己的努力增进了班级的团结，让班集体获得了荣誉，自己和同学们打成了一片，也收获了老师的信任与肯定。我相信这样的班干部之所以能够得到老师和同学的认可，一定是因为他们有一个积极且又充满正能量的出发点，他们为了班里的同学可以牺牲自己的时间和精力，就算自己再辛苦也不会抱怨。有些同学非常善解人意，理解班干部的辛苦，积极配合班干部完成班级工作，也增强了班级同学间的感情。

> 把班长做到这个份儿上是一种能力，也是人格魅力！

小庆是我们班的班长，也是睡在我上铺四年的兄弟。大一开学时，班里没有固定的班干部，小庆作为临时负责人，帮助辅导员处理班级工作，帮助同学们解答各种疑问。到了大二，班里组织公开竞选班干部。小庆获得了45票，全票当选为班长，可见他在同学们心中的呼声有多高！每次和他聊起这件事，他都说这是他大学四年里最骄傲的事情。

大学四年，我也是班委的一员，和其他班干部一起组织了很多班级活动，比如参观红色革命圣地、森林河畔骑行、中秋联欢会、林场植树、冬至包饺子、篮球对抗赛、毕业晚会等。每一次活动的策划、组织、实施和总结，班干部都要一起付出很多的努力。

不过，这些付出并不是徒劳的，我和同学们打成了一片，组织能力也得到了辅导员的认可。

担任班干部确实能锻炼人的组织、协调和沟通能力，也会让你从整个班级甚至整个专业（系）的角度来考虑问题，一些用人单位也非常看重毕业生担任学生干部的经历。而且，作为班干部，你得到的机会和信息要比其他同学多一些。

并不是一定要在大学里竞选班干部，我身边有很多同学并不是班干部，但他们依旧把大学生活过得精彩而又充实。我想通过自己和身边同学的事例来告诉大家：担任班干部确实能得到锻炼，但并不意味着担任班干部就一定能在大学里获得成功。事在人为，不管你做出什么选择，一定要竭尽全力，这样才对得起人生中最宝贵的四年。

## 3 学生会里的酸甜苦辣

在隆重的迎新晚会上，学长学姐神采奕奕地介绍学生会的各个部门，五颜六色的活动照片和宣传标语一下子就让你对学生会的好感暴增，恨不得马上成为学生会的一员。

大一刚入学时，很多同学报名参加了学校或学院的学生会。到了大二或大三，有的同学选择继续留任，有的同学选择退出。他们对学生会的评价褒贬不一。有些同学认为，他们在加入学生会后锻炼了自己的能力，收获了友情和爱情，甚至帮助自己对职业生涯有了清晰的认知和规划。有些同学则抱怨，他们在加入学生会后就是当免费劳动力的，忙来忙去什么都没学到，白白浪费了时间，还耽误了学习。

学生会一般是学生工作的执行机构，在学院党委、团委的领导下以学生工作为主导，为学生的学习、生活提供服务。国内高校学生会的部门设置具有一定的相似性，一般有办公室、宣传部、学习部、文艺部、体育部、青年志愿者部、外联公关部等，有些学校和学院还设置了信息技术部、就业创业部、心理部等。这些部门都是学生工作的执行部门，不同的部门具有不同的工作内容。

有些同学确实在学生会的工作经历中让自己的能力得到了极大的锻炼，获得了实实在在的本领。

洋洋是高我一届的学姐，在大一时加入了院学生会宣传部，经常和其他宣传部的干事一起制作活动海报、撰写活动新闻稿。在学生会宣传部工作了一年之后，她选择留任并担任部长。一年的工作经历让她在撰写稿件方面得到了极大的锻炼，她也总结出了自己的一套心得，甚至还帮助领导和老师写过发言稿，我们都称她为宣传部“一支笔”。宣传部的工作经历让她逐渐对新闻写作产生了浓厚的兴趣，到了大三，她决定报考新闻专业的研究生。一年以后，我们听到了她被国内某知名高校新闻专业录取的好消息。

洋洋学姐的经历在我们这一届的同学中广为流传，她确实让人佩服。我从她的经历中悟出了一点道理：大学四年，每个同学都在不断的学习和实践中成长，一边学习，一边实践，一边寻找适合自己的方向，哪怕走了一段弯路也是值得的。

小南是我的学弟，大三时担任院学生会主席并兼任院团委副书记。他说："我在学生会和团委工作中得到了很大的锻炼，自己的组织能力、沟通能力也得到了提升，三年的学生会工作让我逐渐对学生工作产生了热爱，我将来想继续从事学生工作，为高校大学生贡献自己的一份力量。"

听完他的话，我觉得他的想法很成熟。学生会的工作经历帮助他在职业生涯规划上有了清晰的认识，也不枉他这三年的辛勤工作。当然，除了锻炼能力之外，你会收获友情的温暖和感动，比如过生日时，学生会的小伙伴会一起给你送上生日的祝福，为你唱一首甜甜的生日歌。

有的同学会说，加入学生会可以让大学生活变得更充实。不过，加入学生会也有不如人意的一面。等你加入学生会后，你可能会发现学生会其实并没有想象中那样美好。

小永是高我一届的学长，他是学生会某部的部长。他在学生会工作了两年，经常组织各种活动。为了把工作安排得更稳妥，他将过多的精力和时间投入学生会工作中，有时甚至会逃课。这极大地影响了他的学习，导致他的成绩一落千丈。

此外，国内有些高校的学生会存在官僚习气，低年级的干事对所谓的“部长”“主席”唯命是从。近年来，不断有高校学生会被爆出存在官僚风气。正是基于这种现象，2018年10月，国内多所高校学生组织联合发起《学生会、研究生会干部自律公约》的倡议，要求学生干部牢记自己的首要身份是学生，牢记学生会、研究生会工作的本质是群众工作，彼此互相帮助、平等相待，坚决反对“官”本位思想和作风，不追求头衔、不装腔作势。

如果你能够加入学生会并且让自己的能力得到锻炼，那么这固然是好事。如果你无法从中得到锻炼，又或者不满于其中的“关系”和“风气”，那么你也可以跳出来去寻找属于自己的一片“天空”。大学的珍贵之处在于：每一段经历都是自己独一无二的财富，都值得回味！

## 4 社团：跟志同道合的人一起学习和玩耍

大一刚开学的时候，每个社团都会在学校里设置活动地点招收新生。我们宿舍的老大加入了读书协会，每个周末都会参加社团举办的读书感悟交流会；老二加入了电影联盟，每个周末都会搬着设备去教室播放电影；老三加入了辩论社，平日里读书、搜集材料以便参加社团组织的辩论赛；老五加入了轮滑社，每天晚上去轮滑场参加社团组织的轮滑活动。周末，大家都会出去和社团的小伙伴一起学习和玩耍，唯独我在宿舍。

上大学之前，我就坚定了自己的想法：不加入任何社团！我的想法很简单：一个人的时间和精力是有限的，我想在保证学业的前提下拥有更多的自由时间，在课余时间打球、读书。但是，等到开学之后，我看到那么多社团在向我招手，觉得加入一个自己感兴趣的社团，并且跟志同道合的人一起学习和玩耍也是一桩美事。不过，我还是悄悄地走掉了。

当然，谁的大学没有遗憾？我当时对学校的艺术团非常感兴趣，因为里面有我喜欢的架子鼓。我从小学就学习架子鼓，所以有一定的基础。每次观看艺术团的乐队参加演出的时候，我便心驰神往，重点关注乐队里的鼓手。但我没有加入艺术团，这也成了我大学四年的一个遗憾。

> 谁的大学没有遗憾？

大学里有些优秀的社团的确能让你受益匪浅，比如：

- 考研联盟。有考研意向的同学聚集在一起分享学校和专业的信息，以及最新的复习资料，互相帮助，互相勉励。
- 英语角。一群自律的同学每天早上到操场上大声朗读英语，在保持规律作息的同时，提高英语口语能力。
- 职业发展联盟。社团经常邀请一些企业家或者职业经理人来给大家做演讲，也会为大家提供宝贵的实习机会，为大家将来的职业规划提供帮助。

每个高校都有一些优秀的社团，能够帮助学生养成良好的习惯，也能帮助学生培养积极向上的兴趣爱好，还能让学生的特长和优势有用武之地。所以，我建议在校的学弟学妹在大学里选择一个自己感兴趣的社团加入，不要像我一样留下遗憾。

不过，我希望你在锻炼自己、拓展人脉、培养兴趣爱好的同时，不要耽误了自己的学习。如果实在难以兼顾学业和社团，你就要有“壮士断腕”的决心，优先完成你的学业。

我身边有很多同学，他们虽然同时加入了几个社团，却没有因此而耽误学习。

小程和我是同届的同学，他在大三时担任社团联合会的副主席。虽然社团的工作很多，但他并没有顾此失彼。在连续获得奖学金的同时，他获得了多项国家级和省级的荣誉。他还利用假期时间创办了教育课程，学费和生活费都是他自己赚来的。我在大学里佩服的人不多，他算一个。

我们都很羡慕这些既能在学业上拿奖学金又能同时加入几个社团甚至在社团组织里担任学生干部的同学。当仔细研究身边这些优秀的榜样时，你就会发现他们也是普通人，只不过他们在时间安排和事情处理上比你做得更合理而已。如果你具备了这些能力，那么你也可以像他们一样取得出色的成绩，甚至比他们更优秀。

## 5 兼职：可“勤”工 不可“减”学

刚进大学，你会觉得一切都特别新鲜。你会发现你的课表上不是每天都有课，一个星期可能只有几节课。坐在宿舍，呆呆地望着那张课表，你不禁发出感叹：“大学里竟然有这么多课余时间，我该去干点什么呢？要不自己去赚一点生活费吧！”抱着这样的想法，很多同学在大学期间都会选择勤工俭学或者兼职。

> 可“勤”工不可“减”学！

大学生可以利用课余时间勤工俭学或者兼职，这样既可以赚些生活费，还可以锻炼自己的能力。但是，不要因小失大！作为大学生，在大学四年的本职工作依然是学习。有一些同学，为了兼职，不去上课，最后挂科了，还要进行补考或重修，这就是典型的“舍本逐末”。

在大学四年里，我身边有好多同学都选择了勤工俭学或者兼职，但是他们的收获却大不相同。

一些同学靠体力兼职，比如，骑电动车送外卖，在餐厅帮忙打饭，在校门口发传单，在服装店帮老板售卖衣服，去麦当劳、肯德基做服务员，等等。

一些同学充分发挥自己的专业优势和学识，在兼职中既提升了自己的专业素养又拓宽了自己的视野，找到了未来的就业方向。比如，在报社兼职当记者和编辑，利用假期时间在银行实习，进入企业兼职当会计，在证券所兼职搞投资分析，在学校关工委帮助领导老师撰写稿件，在图书馆兼职当管理员，等等。

在人力资源管理专业课上，刘老师讲过：“一个人的收入与自身价值和你的不可替代性成正比，要学会提高自己的不可替代性，让自己成为不可替代的人。”

无论是兼职还是进入社会参加工作，你都要提高自己的“不可替代性”。如果在兼职时能够想起我的这些建议，那么你的大学四年会过得更有意义。

对于勤工俭学和兼职，我对学弟学妹还有一些叮嘱，那就是关于兼职中的“面子”问题。李嘉诚说：“当你放下面子赚钱的时候，说明你已经懂事了；当你用钱赚回面子的时候，说明你已经成功了；当你用面子可以赚钱的时候，说明你已经是个人物了；而当你一直停留在那里喝酒、吹牛、睡懒觉，啥也不懂还装懂，只爱所谓的面子的时候，说明你这辈子也就这样了。”

希望这番话能够对你的大学生活有所启迪。当你选择勤工俭学或兼职的时候，不要去在乎别人的闲言碎语，因为当你成功时，你会发现那些人由于不能企及你的高度已经在你的视线中消失了。同时，当身边的同学在做兼职时，我们最好的态度就是默默支持，因为每个人都有属于自己的生活。

最后，由于近年来大学生在兼职中上当受骗的情况时有发生，我在这里给你提个醒。

兼职时要注意，小心陷阱和骗局！

- 安全第一，不要一个人（尤其是女生）去距离学校太远或者太偏僻的地方做兼职。
- “天上不会掉馅饼”，赚钱容易的工作很可能是陷阱，要提防以兼职为名义的网络诈骗。
- 不要轻易相信陌生人或者中介的话，不要随便向陌生人或中介交纳任何费用。

# 6 实习：与就业相结合

大二时，学校曾组织经济管理相关专业的学生到户籍所在地的工商银行实习，当时很多同学都在犹豫要不要报名参加。到了大四，许多同学才发现，在银行实习的经历对于那些想进银行工作的同学来说是非常宝贵的。

小彬是我们专业的一名男生，他利用假期的时间去银行实习。这段实习经历在他毕业后去银行参加面试的时候发挥了很大的作用，结果他顺利被中国农业发展银行录取了。

现在很多用人单位看重大学毕业生的实习经历。所以，很多同学会利用假期时间去实习，这是一个很不错的选择。实习不仅能够帮我们解决一部分生活费问题，还可以帮助我们认识社会和增加人生阅历，更可以帮助我们进行职业生涯规划和人生规划。

小迪是我的高中同学，在北京某高校读大学。她在大二的时候去了北京某机关团委实习。因为她还要上课，所以她每周只去实习两天。她说："我以后想考公务员，便想到政府机关来实习。虽然每个月的补助不多，但这次实习机会对我来说很宝贵，我要在实习中积累经验，而且团委的实习经历对我将来考公务员也是一种帮助。"

我很佩服她把实习和就业方向结合起来。她身上还有一点值得我们学习：她把实习经历看得比实习收入更重要。在实习过程中得到的宝贵经验确实比收入更重要，这些经验可以作为毕业求职时的指导。

实习经历比实习收入更重要！

小艳是我们学校会计专业的一名同学。她利用大四的时间去国内某知名企业实习，从事会计专业相关工作。虽然工资和正式员工有不小的差距，但她更看重在知名企业实习的经历。从某种意义上来讲，在知名企业的实习是一种“自我镀金”的过程。如果我们在大学期间选择实习时就能具备这种“镀金意识”，这就意味我们开始用长远的目光和大局观来考虑事情了。

去知名企业或跨国公司实习是个很好的选择，对你以后就业会有很大的帮助。

能够去知名企业实习固然很好，但最关键的是要把实习与就业目标紧密联系起来。一方面可以检验学习的成果，锻炼解决实际问题的能力；另一方面可以发现自己知识、素质和能力上的不足，从而为弥补这种差距进行更有针对性的学习。

即使不打算做与专业相关的工作，实习也同样是必要的。因为实习可以让我们看到自己学习的专业究竟是什么样的，和专业相关的就业方向有哪些，帮助我们思考什么工作是适合自己的，以及接下来应该怎样去规划自己的职业生涯。实习的过程也是不断“试错”的过程，可以让你在面临就业选择的时候少一些迷茫，多一些理智。

当然，大学期间参加实习是以不影响自己完成学业为前提的。如果学校推荐的实习不是自己想从事的行业，或者你正处于大三、大四的繁忙期——准备毕业论文、考研、考公务员、出国等，那么你要慎重考虑，以自己的前途为重。

## 7 社会调研：直面“未知”的社会

大学里会有很多参加社会调研的机会，比如自己申请科研项目进行实地调研，参加老师的项目进行调研，报名参加政府或相关机构组织的调研，等等。面对这些增长见识、开阔视野的机会，各位同学一定要抓住，因为社会调研会给你提供直面社会的宝贵机会，更能帮助你获得第一手资料。

小天是我的高中同学，在北京某高校就读。他在暑假期间报名参加了国务院扶贫领导小组委托的国家级贫困县第三方评估验收检查组，对河北省三个国家级贫困县进行了为期两周的脱贫验收评估。回来之后，他说：“我在这次调研过程中学到了很多。国家对扶贫工作很重视，基层脱贫攻坚的工作压力很大。”随后，我又听他说起调研过程中的所闻所感。这次调研活动使他既了解了社会最真实的情况，又扩大了他的见识。

像这种国家机构直接给高校学生提供调研的机会并不多，由于我们缺乏信息渠道，所以很多时候我并不一定能赶上这么好的机会。但是，学校组织的社会实践也是我们接触社会、增长见识的好机会。

抓住学校提供的调研机会！

小费是我的初中同班同学，在成都读大学。他们学院每年都会组织暑期社会实践，带着同学去山区慰问以及参观现代化养殖基地和大学生创业示范基地等。他在大三时报名参加了学院的暑期社会实践，跟随老师、同学们一起参观了一个酿酒厂。他说："通过这次实地考察，我深刻感受到了创业的艰辛，也为创业者的坚持与努力所折服。"

记得我们学校当时也有类似的假期社会实践，可是很多同学都着急回家，不想参加学校组织的调研活动。其实，很多放假就回家的同学没过几天就在家待腻了，还不如参加学校组织的社会实践，既能增长见识、丰富阅历，还能和同学们一起游山玩水，这是多么难得的机会啊！

# 第 4 章
# 生活和体验

对于四年大学生活，有的同学认为应该用来刻苦学习，有的同学认为应该用来吃喝玩乐，还有的同学认为应该用来锻炼能力。仁者见仁，智者见智。但不可否认的是，大学生活真的很美好，四年的时光值得你用一辈子去怀念。

进入大学之后，你会有很多课余时间：跟室友一起享受愉快的周末；窝在舒适的床上看一部电视剧；戴上耳机享受美妙的音乐；跟好朋友小酌几杯；跟恋人在湖边相拥；来一场说走就走的旅行；静静地享受独处时的宁静。这些都是你能够享受到的美好生活，请好好珍惜！

# 1 宿舍：休息的地方可能成为青春的“坟墓”

“高中的我是那么向往大学，想到大学生活的美好画面，心里都是美滋滋的。可如今大学生活已经过半，回首看去，三年高中生活换来的却是‘坟墓’般的大学生活。整天窝在宿舍，一觉睡到中午，每天如行尸走肉般无所事事，更不知道未来在何方。我到底该如何去改变？”小宇是低我一届的学弟，这是他读大三时找我聊天说过的话，我至今记忆犹新。

正如小宇所讲，读大学最大的悲哀莫过于：当读完大学的时候，你发现大学四年匆匆而过，自己毫无收获；或者当大学四年过半时，你还没有找到自己的方向，不知道未来该何去何从，看着身边的同学在为自己的目标奋斗时，自己却像一个幽灵。

很多同学都有这样的疑问：读大学，究竟在读什么？不少同学都试图反省，想要做出实质性的改变，但往往坚持不了几天，便又回到了浑浑噩噩的状态，陷入永无止境的恶性循环。他们不仅把宿舍当成睡觉的地方，也当成娱乐和学习的地方。对他们而言，大学的活动范围仅限于宿舍。

谈到宿舍，我很有感触：宿舍是一个消磨你的意志、滋生懒惰的地方，它很可能成为青春的“坟墓”。相当一部分学生除了上课大部分时间都待在宿舍，宿舍生活几乎是他们全部的大学生活。

- 早上起来，打开电脑看着自己喜欢的电影或电视剧，几个小时很快就过去了。
- 当你在宿舍痛下决心要排除一切干扰看书时，你的室友来找你打游戏，你实在不好拒绝，就答应了，结果半天的时间又过去了。
- 当你在宿舍静静看着自己喜欢的书时，你的好朋友找你下午一起去逛街，结果下午的学习计划又泡汤了。

大学四年里，我没发现身边有哪位同学能够在宿舍里踏踏实实学习，大多数人都是在打游戏、看球赛和看电视剧。

小轩是我们学院的一个男生，他平时除了上课就是待在宿舍。大一的时候，他每次上完课就回到宿舍，窝在床上打开手机看小说。这样的生活，他持续了两年。每次我们去球场打球都会叫上他，但他总会找各种理由推脱，待在宿舍，哪里也不去。到了大三的时候，他上完课后依旧回到宿舍，只不过不看小说了，而是开始看直播和小视频了。到了大四，大家都开始为自己的前程早出晚归努力奋斗的时候，他开始感到迷茫，最后毕业的时候随便找了一份工作。

> 大学四年：尽量不要待在宿舍！

一个人能否加速成长往往在于他生活的平衡能否被打破，也就是他能否走出“自我舒适区”，让自己承受改变带来的短暂的不适和痛苦。当习惯待在宿舍时，你就会一直处于一种安逸的生活状态，这种“慢性自杀”会荒废了你的大学生活。每一个想要在大学有所收获的同学都要拒绝每天待在宿舍，宿舍只是休息的地方。如果你想看书和学习，那么你可以去图书馆或者自习室；如果你想锻炼身体，那么你可以去操场或者球场；如果你想兼职，那么你可以走出校园。

## 2 结交“两个朋友”：图书馆、运动场

曾经的北大校长王恩哥在上任时送给学生们十句话，第一句话就是结交“两个朋友”，一个是图书馆，一个是运动场。这“两个朋友”会让你受益无穷。在图书馆中，你能博览群书，不断地“充电”“蓄电”；在运动场上，你能锻炼身体，强健体魄。

大学四年里，我身边有不少同学沉迷于吃喝玩乐，生活的节奏全被打乱，该睡的时候不睡，该起的时候不起，该吃的时候不吃。相反的是，有的同学选择在认真完成学业之余适当放松，锻炼身体；有的同学选择在旅途中放松身心，增长见识；有的同学撇开喧嚣纷扰，选择了一本好书，与伟大的心灵对话，让自己的精神旅行。

我们学校图书馆的图书资源非常丰富，环境也非常好。我在这里看了很多与我所学专业相关的图书，每次徘徊于书架前，感受书香环绕，便备感惬意！

图书馆能让人感受到温馨和感动，收获内心的欣喜和富足。所以，当完成学习任务时，你要多去图书馆走一走，聆听你内心深处的声音，随意地驻足一座书架旁，静心地浏览。你一定会爱上这种感觉。

> 你的气质里藏着你读过的书！

“身体是革命的本钱”，有了好的身体，你才能在大学里取得更突出的成绩。大学四年正是身体成长发育的关键时期，然而许多同学却养成了通宵追剧、打游戏等习惯，这对身体健康极为不利。在这四年的时间里，你一定要照顾好自己的身体，不仅仅是为了自己，也是为了深爱着你的家人。

我是一个热爱运动的人。我在小学就加入了校田径队，参加过小学的1 500米赛跑、初中的3 000米赛跑和高中的800米赛跑，以及大学的5 000米赛跑。大三时，我还成了学院篮球队的队长，在体育运动上投入了很多时间。

下午没课时，我会组织我们自己的“常规赛”。我会刻意打破球队队员和普通同学的界限，随机分配，让大家都能上场。从篮球队的兄弟到班级同学，每天都有十多个人参与。考研时，虽然我们减少了打篮球的次数，但是大家的参与度依然很高。每次看到我们在打全场比赛时，其他球场的同学就会投来羡慕的目光。

大三时，我在篮球场上结识了一位来自新疆的同学，他叫阿布都。看得出来，他的身体素质非常棒。我俩“不打不相识”，一起打过几次篮球之后就互相熟悉了。每次我们进行篮球比赛时，我就会把他叫上，阿布都逐渐和大家打成了一片。他常常用不太标准的普通话说："你们的氛围真好，跟你们打球真的很开心！"

我建议学弟学妹在大学一定要重视体育锻炼，就算每天不进行跑步，也要一周抽出三到五次的时间跟好兄弟打篮球、踢足球，或者跟好姐妹打羽毛球。经常进行体育运动能够缓解因久坐学习而产生的疲劳，能让身体更有活力，还能让精神状态更加饱满。

> 大学四年一定要参加一次体育竞赛！

不管男生还是女生，在大学最好参加一次学校或者学院组织的田径运动会、篮球赛、足球赛、排球赛等体育竞赛。在真正参加了体育竞赛后，你就会感受到竞技体育给你带来的快乐与感动。我们经常在电视上看到奥运赛场上运动健儿流下激动的泪水，你在参加体育比赛时也会有同样的感受，而且以后回忆起来，还会像当时一样激动，一样热泪盈眶。更重要的是，在整个比赛过程中，你不仅能收获奖牌和证书，更能收获感动、快乐和友谊。健康的身体和在体育赛事中培养的品质会支撑你站在更高的起点，伴随你取得更大的成功。

## 3 逃课：大学四年绕不开的话题

谈到"逃课"这个话题，你一定不会陌生。进入大学之后，"选修课必逃，必修课选逃"成为很多同学秉承的原则。我总结出关于大学生逃课的五点规律。

- 大学生逃课一般与课程设置有关。很多同学觉得选修课上不上无关紧要，只要通过考试就行，但需要偶尔去听听必修课，毕竟也怕挂科。
- 大学生逃课一般在学期中期比较常见。在学期初，老师会点名，以便认识一下班里的同学。在学期末，老师可能会“画重点”，透露一些与期末考试相关的内容。所以，同学们在学期初和学期末一般不会逃课。
- 逃课的次数和学生所处的年级成正比。大一的学生一般比较胆小，到了大学之后还没有从高中的生活状态中彻底解放出来，所以逃课的次数比较少。到了大二，同学们对大学生活比较了解，而且学生会和社团的事情比较多，逃课的次数明显增多。到了大三，同学们深入了解了大学生活，一副“天不怕地不怕”的样子，胆子逐渐变大，逃课变得像吃饭一样简单。到了大四，同学们已经对上课失去了兴趣，都在忙着写毕业论文、考研、找工作等。
- 逃课的人一般分为“学霸”和“学渣”两种。“学霸”逃课是因为他们已经掌握了这门课程的内容，能够通过自学在期末考试中取得高分，或者利用上课的时间去学习对他们来说更重要的知识。“学渣”逃课是“放弃治疗”，他们会约上三五好友去网吧打游戏，或者到球场上施展拳脚。处于“学霸”和“学渣”之间的同学占大多数，他们在一般情况下不会逃课，所以平时成绩都是满分。
- 逃课≠挂科，逃课≠拿不到奖学金。很多同学一个学期都不会逃课，但他们却拿不到奖学金，甚至还会挂科。有的同学平时看起来吊儿郎当，可他们在期末考试中却取得了很高的分数，并且拿到了奖学金。所以，逃不逃课与挂不挂科、能不能拿到奖学金没有直接关系。

到了大学，同学们如果还像在高中时那样，一板一眼地听课、记笔记，可能就无法适应节奏较快的大学课堂。读大学，一定要找到适合自己的学习状态，要学会独立思考，知道哪些课程重要，哪些课程通过自学也可以达到预期的效果，这样便会事半功倍。

记得刚进入大学的九月份，我和同学们一起备战新生杯篮球赛，每天下午四点都会在篮球场训练，可那个时间段正好有一门课，球队训练和上课的时间发生了冲突。我在认真地权衡之后做出了决定：留下训练！现在想起来，这件事也是蛮有意思的。虽然我也因为种种情况逃过其他课程，不过这件事给我留下了最深刻的印象。

小畅是我的高中校友，在高中时就酷爱打篮球。高中毕业后，他去了广东读大学。有一次，他说："大学四年除了篮球课没逃过，什么课都逃过。"

有些同学知道明天要考英语四级了，今天近代史课程的内容之后自己学习也可以，于是逃课再去做一套英语四级真题。还有些同学知道高数课很重要，学好高数对将来考研数学的学习很有帮助，所以他们从来不逃高数课。

逃课是大学生始终绕不开的话题，逃课的原因也各种各样，谁都不敢保证大学四年一节课都不逃，但尽量不要逃课。对于大学课程，你要学会“有所逃，有所不逃”。你要学会利用逃课的时间做一些对自己更有帮助的事，这样才不枉费宝贵的四年时光。

不要逃课

## 4 打游戏、追剧、看视频：饭不吃、课不上、觉不睡

夏天一般比较热，每个宿舍都习惯把门敞开。每次从图书馆上完晚自习回宿舍的时候，我都会习惯性地看看宿舍里的男生都在干些什么。接下来是一幅男生宿舍晚上的真实画面：男生们光着膀子，有的坐在床上，有的坐在书桌前，有的戴着耳机，敲打键盘的声音、骂街的声音、游戏的背景音乐连楼外都能听见。

大学四年里，我身边有很多男生沉迷游戏。他们嫌宿舍的网速太慢，便组团去网吧打游戏；他们拿着父母的血汗钱一边抽烟，一边用力敲打着键盘，时不时地骂两句；更有甚者，因为沉迷游戏荒废学业，浪费了人生中最宝贵的四年。

小志是我们班的“学长”，他是我们上一届的学生。因为大四毕业之前他还有两门课没有通过，所以他只能延期毕业，重修剩下的两门课。结果，他就被分到了我们班。听原来与他一个宿舍的学长讲，从大一到大四，他打了四年的游戏，几乎不怎么离开宿舍，

吃饭也是经常点外卖或者让室友帮忙带饭。果不其然，他在我们班也是如此。我在宿舍熄灯前从来没见过他上床睡觉，并且上午十点前也从没见过他起床。他每天做的事情就是守在电脑前打游戏，丝毫不担心自己还有两门课没过。

这是我见过的比较疯狂的例子。一般情况下，同学们不会像这位“学长”一样“心大”，再怎么也不会让自己毕不了业。可有些同学，虽然能毕业，却将自己最宝贵的四年用来追剧。他们上课看、吃饭看、睡前看，看完一部再换下一部。

小惠是我们班的“小可爱”，因为她年龄比我们都小，长得比较娇小，所以班里同学习惯叫她“小可爱”。小惠是广大追剧族的代表，常常用短短几天就能看完最新播出的电视剧，然后在微信朋友圈和微博撰写一段影评。大学毕业之前班级聚餐时，我很好奇地问她大学四年到底看过多少部电视剧，她说她自己都数不过来了。

除了游戏、电视剧之外，还有近年来兴起的抖音、快手等，无时无刻不在吸引着大学生的眼球，以填补在校大学生的“空虚感”。

读大学时，身边的同学都在看小视频，时不时地发出笑声。出于好奇，我也下载了一个 App（手机应用程序），看的时候也觉得很有意思，但是看完之后却又感觉格外空虚。为了不再浪费时间，我便将其卸载，后来再也没下载过。

要知道，当一个人习惯了反复被刺激和满足的时候，要想一直获得这种“爽”的体验，他就得不断加强刺激的程度。你需要被更持续、更强烈地刺激，才能继续获得快感。久而久之，你就被游戏、短视频、直播平台“攻陷”了。所以，最好的办法就是把这些软件卸载。相信我，“一刀两断”胜过“藕断丝连”。

电视剧是可以适当看看的，但要学会每天给自己定量。比如，到了晚上，在经历了一天的学习生活之后，洗漱完躺在床上看一集电视剧也不失为一种享受。在追剧这个问题上，人要学会自我克制，这样追剧才不会成为学习生活的负担。

小纪是我们学院人力资源专业的同学。一天晚上，我去他的宿舍找他聊天，他正在看《人民的名义》，我便和他看了一会儿。他说：“我每天只看两集，眼睛也不疲劳，自己还可以对剧情和故事有所思考。”后来的那段时间，每天晚上我都会去他宿舍找他看两集，边看边聊，现在想起来也是一件很有意思的事！

关于电视剧的选择，我建议学弟学妹（尤其是学妹）尽量不要选择一个套路的电视剧，比如一些连结局都能猜到的韩剧。尽量挑选一些高品质的电视剧，比如《康熙王朝》《乔家大院》《亮剑》《人民的名义》《大江大河》等，至少你能从这些电视剧中学到许多为人处世的经验和处理家庭关系的技巧。

关于追剧时间，你可以在每天晚上睡前或者放松之余看一两集，不要看太多。你可以尝试换位思考：如果你是男（女）主角，那么你会怎么办；如果你是编剧，那么你怎样才能把剧情设置得更好。做任何事情，都要带着学习的心态，找出自己的不足，弥补自己的短板，这样才能让自己变得更强大。

我清楚地记得那是大三的第一学期，在一节创业管理课上，老师问大家："你们看电影是为了什么？"当时大家面面相觑，只有我大声地说："为了学习！"这句话引得大家哈哈大笑。可是我说出了自己的心声，每次看电影或是电视剧时我都有强烈的代入感，这种代入感让我学到了很多。

李嘉诚的学习方式很有意思，除了通过看书直接学习之外，他经常使用代入式体验学习法。一位跟了李先生十几年的下属透露，李嘉诚喜欢看电影。看电影时，他的"代入感"很强，他每次都会选择自己喜欢的一个角色，然后跟着剧情起伏。当看电视剧或者电影的时候，你可以尝试用这种方法，在剧中收获人生的道理。

"代入式学习法！"

## 5 没有时间运动的同学，总会有时间生病

大学生活相对于高中生活来说是比较轻松的，时间也相对宽裕，每天有充足的时间来运动。大学四年里，我养成了坚持运动的习惯。我经常去球场打球或者去操场跑步，全身被汗水浸湿的感觉确实很舒服。

备战考研的十个月是大学四年最痛苦、最难熬的一段时间，无论刮风下雨，无论心情好坏，每天都要去教室里学习。对我来说，下午三四点是一天中最难熬的一段时间——中午休息过后马上

就又投入紧张的学习中，大脑经过两三个小时满负荷运转后已经疲惫了，这个时候就要懂得劳逸结合了。很多女生也会选择在这个时间段放松，她们会看电视剧、吃水果，或者和同学到教室外聊聊天。在这样紧张的学习环境下，我的放松方式是运动，运动可以缓解压力，让我紧绷的精神得到舒缓。

备战考研的那个暑假，我们留在学校上辅导课，炎热的夏天很是折磨人，即使坐在有空调的教室里也难免汗流浃背。上了一天课之后身心疲惫，我只想躺在床上好好休息。那时候我们发现了一个好地方——学校的露天游泳池，我们每天下午下课后都会去游泳池里“扑腾”一会儿，缓解身体的劳累，更重要的是也缓解了心理压力。这样，晚上学习的效率会提高不少。

四年的大学时光，每个同学都应该养成运动的习惯，比如跑步、打篮球、踢足球、打羽毛球等。选择运动的时间也是一项技巧。科学验证，下午的时间用来运动是最科学的，也比较符合大学生的作息时间。对于长时间不运动的同学来说，他们的免疫力会下降，身体状况也不如长期坚持运动的同学。

> 没有时间运动的同学，总会有时间生病！

小娜是我们专业的一个女生，经常感冒发烧，我也经常看到她在课堂上吃药。可能是因为她先天体质不太好，但很重要的一个原因是，她平时很少走出宿舍，很少去操场锻炼。

适当运动可以使身体处于健康状态，能够缓解学习、生活上的劳累以及心理上的紧张情绪。而且，经常运动的人会比不运动的人更有气质、更有精神，这种“精气神”能从身体上看出来，也能从眼神里表现出来。

李嘉诚在谈到他的养生经验时透露，要有规律地生活，并且戒烟戒酒。他常年坚持早上六点起床，之后锻炼一个半小时，包括打高尔夫球、游泳及跑步，并且从不间断。他说，坚持锻炼最重要的就是有恒心。

被称为“赌王”的澳门富商何鸿燊一直在澳门博彩业中独占鳌头，他也有自己的一套养生秘诀。他始终认为补品和药都不重要，最重要的是运动，他在八十多岁时仍然打网球。他保持身体健康的秘诀就是坚持运动，并不需要任何补品，可见每天坚持运动对身体健康非常重要。

## 6 享受“独处”：成功路上的同学都是孤独的

大学与高中少有的相同点就是集体生活。既然大学生活是集体生活，同学们独处的时间就不会太多，不管是上课、吃饭还是打球、上网，都会有室友和同学的陪伴。然而，大学生的心智还没有完全成熟，很容易在集体生活中迷失自我，而找回“自我”的最好方法就是独处。

> 成功路上的同学都是孤独的！

不要觉得独处是一件很没面子的事情，也不要觉得身边没有同学陪伴就不自在，更不要错误地认为独处就是与同学室友格格不入。进入大学，你会发现很多事情都需要自己一个人完成，你会发现很多优秀的同学都是“独来独往”的。

大晨是我的直系学长，也是他们那一届国家奖学金的获得者。他学习成绩优异，担任过学生干部，参加过校运会和篮球赛，还参加过科研项目并获奖。他给我的印象就是“独来独往”。虽然他也和我们一起打篮球、参加运动会训练，但能看得出来，他有自己的想法。他目标坚定，执行力强。一个周六下午，我去他的宿舍还篮球，他的室友说：“他已经去图书馆学习了！”我环顾了一下他的宿舍，其余的同学都在宿舍，只有他自己去学习了。

他是我们这些学弟学妹的榜样，他让我想起一句话：“故天将降大任于斯人也，必先苦其心志，劳其筋骨，饿其体肤，空乏其身，行拂乱其所为，所以动心忍性，曾益其所不能。”大家只看到了他取得的成绩，背后的孤独和寂寞只有他自己在默默地承受。“禁得住诱惑，耐得住寂寞，方可成大事”。在独处的时间里，你可以静静地坐下来，问一问自己：到底想把自己的大学生活过成什么样子？想在四年的时间里学到什么？

大学四年里，每当我生活中遇到不如意的事情或者心里有了委屈，我就喜欢自己一个人去学校的花园或湖边溜达。放下心里的包袱，什么都不去想，走累了就躺在长椅上，看着天空中飘过的淡淡的云，闻着飘来的青草的香味，听着鸟儿叽叽喳喳的叫声，心里总能盛满一份安静与闲适。不仅如此，每当收获学习、体育、科研上的奖励时，我也习惯找个安静的教室坐下来，放空自己，把心静下来，总结自己取得的成绩与不足，也告诫自己不要飘飘然。我是一个喜欢独处的人，我很享受独处时的那一份安静与自由，也很喜欢在独处中收获一份清醒与豁达。

> 大学四年：要学会养身，更要学会养心！

独处最根本的目的是沉淀我们被喧嚣浮尘扰乱的心灵，让心静下来、慢下来。当一个人的心静下来的时候，他便会觉得天空格外蓝、阳光格外明媚，便会感受到生活的快乐与幸福。

所以，你要适时给自己寻找独处的时间。

- 找一间没人的教室，关掉手机，静静地坐下来，泡一杯茶或一杯咖啡，准备一支笔和一个本子，写下自己的心情和感悟。
- 一个人静静地坐在湖边，看着水里的鱼儿欢快地游动，任思绪尽情飞舞，丝毫不必在乎其他人投来的不屑的眼神。
- 去图书馆挑选一本你最喜欢的书，随意找一个位置坐下来仔细地阅读，静下来去聆听作者的心声，与作者进行跨越时空的对话。
- 一个人去操场上慢跑，戴上耳机，播放一首你最喜欢的音乐，让操场上的嘈杂声不再扰乱你心底的那份宁静与富足。

## 7 旅行：精心策划还是说走就走

中学的你，看着语文课本上的“桂林山水甲天下”，憧憬着上了大学一定要去桂林游山玩水；看着政治课本上漂亮的紫荆花，憧憬着上了大学一定要去香港欣赏美丽的维多利亚港；看着历史课本上的敦煌莫高窟，憧憬着上了大学一定要去甘肃感受大漠落日的豪情；看着地理课本上的珠穆朗玛峰，憧憬着上了大学一定要去西藏追寻朝圣者的脚步。终于，上了大学之后有了更多的课余时间，热爱旅行的你可以完成中学时的梦想了。

小鹏是我们专业的一个男生，大学四年里，他去过很多地方。他为人非常低调，很有修养。旅行可以无形地修炼自己的气质，有句话说得好："你的气质里包含着你走过的路和读过的书。"

其实，大学期间出去旅游是个很好的选择。首先，大学时间比较富裕；其次，你可以叫上身边的同学和朋友一起结伴出行，这样会比较安全。

大三开学前的那个暑假，我在家里已经待了较长时间，有些烦闷，突然想到一个家在四川仪陇县的同学，便向他诉苦，没想到他在家里也很烦闷。于是，我说服了家人，去找他玩。光是交通工具就经历了火车、大巴、摩托。等到他家的时候，我感觉自己已经体力不支了。虽然路上比较曲折，但是在他家待了一个星期，我就感觉到山里的风光真是无限好！我们去嘉陵江钓鱼，去山里乘凉避暑，晚上去广场吃烧烤，还去参观了朱德故里景区。那天正好下起了小雨，兴致勃勃的我便赋诗一首，以表

> 细雨蒙蒙琳琅山，半扇仪陇半扇川。山河飘摇蜀都静，老总挥鞭天下安。

达对仪陇的赞美。

有人说："旅行是检验两个人爱情的最佳方式，合不合适，一起旅游就能知道！"所以，很多同学（尤其是女生），很向往跟心爱的人来一场说走就走的旅行。牵着彼此的手，在陌生的城市一起欣赏美丽的风景和特色的建筑，每走过一个地方都留下了彼此恋爱的印记，会成为终生难忘的回忆。

好朋友也可以"说走就走"，可以在旅途中增进感情。

大三的第一学期，记得是十月底左右，那段时间我的心情比较失落。趁着那次机会，我就找到了跟我在同一个城市读大学的初中同学小彦。我们俩一拍即合就买了车票，第二天就坐上了去泰安的火车。既然出来了，我就决定把一切都放下，好好享受这次来之不易的旅行。车程从早上六点到中午十一点左右，这是我第一次觉得乘车时间如此短暂，可能是自己沉浸其中了吧。之后的一天，我们俩在愉快的登山活动中度过，品尝了泰山啤酒，爬到了泰山山顶，而且下山时跟两位德国友人用英语交流了一路，别有一番滋味！

## 8 音乐：大学生活的"调味品"

失恋时，一首于文文的《体面》能让你体会到内心的酸楚，一首袁娅维的《说散就散》能让你感受到"虐心"的痛苦；热恋时，一首温岚的《夏天的风》会让你在炎热的夏天感受恋爱带给你的清凉，一首林忆莲的《至少还有你》能让你体会大学恋爱的美好时光；难过时，一首吕方的《朋友别哭》能让你想起曾经一起奋斗多年的老同学，一首逃跑计划的《夜空中最亮的星》能给你再去相信自己的勇气，给你继续勇往直前的动力。

不得不说，音乐的力量是无穷的。很多同学都非常喜欢听音乐，无论是男生还是女生，听到自己特别喜欢的歌曲都会转发到微信朋友圈跟好友一起分享。早上起床时，用一首自己很喜欢的歌做铃声，你会动力满满，并以高昂的姿态开始崭新的一天。当然，你也可能因此讨厌上这首歌，谁让它早早叫你起床呢。

菲尔普斯是游泳界的一条“飞鱼”，不知道你是否记得他每次参加奥运会出场时的形象。不单是他，你会发现很多运动员在出场时都会佩戴硕大的降噪耳机，NBA球星在抵达更衣室之前也是这般模样。他们对观众的欢呼声置之不理，完全让自己沉醉在音乐的世界里。这种有趣的现象同样存在于F1（世界一级方程式锦标赛）赛场，车手们喜欢在赛前来上一段音乐，比如法拉利车队的车手们就深知音乐的妙处，他们在音乐的影响下共夺得了十六次冠军。

这些运动员为什么都喜欢在赛前戴上耳机呢？英国的一位心理学教授曾进行过长期的研究，他发现运动员们戴耳机并不是为了装酷，而是为了听音乐，因为音乐是一种“合法兴奋剂”。另一位教授也表示：“音乐能使我们运动过程的每一环节相互协调，将无效或低效的活动降到最小，使我们身体的状态达到最优。”

很多同学都在音乐这种“合法兴奋剂”中受益！

大一时，我代表学院参加学校运动会5 000米比赛，长跑对运动员是身体和心理上的双重考验，先把成绩放在一边，能绕着操场跑完12.5圈就已经很不容易了。经过了一个多月的训练，我已经具备了取得名次的实力。在比赛之前，长跑队的队员都在给我加油，我默默地把耳机戴上了，想把自己的心态调整到一种“打鸡血”的体育竞技状态。耳机里播放了一首当时最能激发斗志的歌曲——《我的骄傲》。

其实，音乐的作用不仅存在于运动过程中，还存在于我们大学生活的方方面面。睡觉前，一段轻柔的音乐有助于我们的睡眠；晚会前，一段欢快的音乐能瞬间把气氛调动起来。

每个人的手机音乐列表可能都会有几首纯音乐，用来宁心静气，修身养性。午睡后，坐在阳台上，泡上一杯茶，播放一首纯音乐，扫去一丝困倦，大学生活优哉游哉！

强烈推荐一波！

谈起纯音乐，就一定不能错过雅尼这位音乐家。记得2013年春晚，雅尼的一首《圣托里尼》（*Santorini*）红遍大江南北。大二时，学院的迎新晚会上播放了一首雅尼的《咏叹调》（*Aria*）。当时我被这首曲子的节奏和旋律震撼到了，顿时觉得这首曲子很应景，非常适合做晚会开场前的背景音乐。我是因为《和兰花在一起》（*With an Orchid*）而爱上这位音乐家的，从此便喜欢上了纯音乐。我能够在纯音乐中感受到生命中的美好与感动。聆听雅尼的音乐，也许可以找寻到一份久违了的轻松和休闲。他的音乐飘逸、洒脱，有着海风般的清新、清爽和海港般的宁静、温馨。《和兰花在一起》是雅尼的经典作品之一，是一首需要用心去倾听和感受的曲子，有伤感，有无奈，还有渴望和期盼，听后让人沉醉不能自拔。

写到这里，我想到了陪伴自己八年之久的“河北音乐广播”。我是从高二开始收听河北音乐广播的——下了晚自习，回到宿舍，打开河北音乐广播，边听音乐边泡脚，扫去一天的疲惫——有时想起来还很怀念那时候的生活呢！河北音乐广播在不同的时间段有不同的音乐节目，节目里的歌曲、主持人甜美的声音、穿插在歌曲间的故事都能带给人不同的感动。

在北京、天津、河北读大学的同学都可以收听到河北音乐广播，在其他地方读大学的同学也可以收听当地的音乐广播。试想，晚上睡前你打开音乐广播，主持人用轻松、温馨的主持风格和你一起分享生活中的点点滴滴，为你消除一天的疲惫，给你呈现一种夜空闪亮的感觉，岂不是优哉游哉！

## 9 投笔从戎：军营里的别样人生

在家里，我经常在吃过晚饭之后陪妈妈去公园遛弯。每次发现我驼背时，她都会在我的后背上狠狠地打一巴掌，训斥我说：“本来个子就矮，走路还驼背，年纪轻轻看上去没一点儿精神。”每次和妈妈一起走路时都避免不了“挨打”，我自己也习惯了，不过走姿、坐姿和站姿都有了很大的变化。

的确，年纪轻轻走路就驼背，确实给人一种萎靡不振的感觉，这不是正值青春的大学生该有的样子。军人的站姿、坐姿和走姿非常标准，给人一种英姿飒爽的感觉。军人行事大方利落、不拖拉，这是最值得高校大学生学习的地方。

我们学校有一个组织叫国旗护卫队，护卫队由学生组成并担任每周一或是重大活动时的升旗任务。国旗护卫队里有很多熟悉的面孔，我们学院市场营销专业的小华在国旗护卫队待了三年。每次见到他——挺拔的身姿，走起路来昂首挺胸，穿上军装简直就像职业军人，我的心里都是满满的钦佩。

小云是我们篮球队的兄弟，在读大二之前去当了两年兵。在他回来之后，我发现他整个人有了不小的变化。当兵之前，他和宿舍的同学一起睡懒觉；回来之后，他每天早上在七点之前起床，周末也是如此。当兵之前，我还能看到他肚子上的赘肉；回来之后，他的六块腹肌很明显，身材很标准。他身上多了一些自律和坚持，少了一丝懒惰和松懈，这对我的触动很大。

我很赞同吴京在《战狼》里说过的一句话："当兵后悔两年，不当兵后悔一辈子！"在军营里培养的好习惯会让人终身受用。每年的三四月份，国内各个高校都会张贴出"投笔从戎，保家卫国"之类的标语来动员大学生参军。在大学期间当兵确实是值得考虑的一件事。你在大学期间应征入伍不仅可以让自己得到历练，还可以享受到很多优惠的政策。

大学生征兵政策了解一下！

- 保留学籍或入学资格。高校新生入学前应征入伍服义务兵役（以下简称参军），服役期间保留入学资格，退役后两年内允许入学；参军前正在读大学的学生，服役期间保留学籍，退役后两年内允许复学。
- 课程免修。高校学生参军退役后入学或复学，免修公共体育、军事技能和军事理论等课程，直接获得学分。
- 学费减免。在校期间参军，国家对其在校期间缴纳的学费实行一次性补偿或获得的国家助学贷款实行补偿，退役后自愿入学或复学的实行学费减免。
- 考学升学优惠。参军退役后三年内参加全国硕士研究生招生考试，初试总分加十分，同等条件下优先录取；可享受“退役大学生士兵”专项硕士研究生招生计划（每年5 000人左右）。
- 就业安置扶持。参军退役后报考政法干警、事业单位等可享受笔试成绩加分的优惠，在同等条件下，优先录用有参军经历的毕业生。

## 10 充分利用八个寒暑假

有些同学可能会有疑问，大学四年怎么会有八个假期呢？其实，从高考结束后的暑假开始，你就已经算是一名准大学生了。四个寒假大约有120天，四个暑假大约有200天，寒假和暑假加在一起大概有一年的时间。

期末考试结束了，也就意味着假期即将来临，被考试折磨疯的同学默念“假期万岁”。宿舍楼道里和林荫道上，拖着箱子、背着行囊的同学满脸的归心似箭。

小兴是我们学院篮球队的，他在大四第一学期参加完研究生考试就回家了。当他再次返校的时候，我都差点认不出他了，身体略显臃肿的他和放假之前俨然两人。后来我们俩聊天，他说：“我在家里待了整整三个月，除了吃就是睡，在学校还有你们陪我打球，在家里根本不想动。”

这位同学只是“胡吃海塞族”的一分子，像他这样用“吃喝睡”度过假期的同学大有人在。其实，寒暑假可以过得更有意义。假期都是整块的时间，如果你能抓住这些整块的时间，多做一些给大学“加分”的事，那么你会比其他同学高出一大截。如果假期结束，你回忆里的假期只有床和食物，这个假期就荒废了。

关于大学期间的寒暑假，我有几点感触与大家分享。

- 陪陪家人，不要只把爱挂在嘴边。很多同学都说自己要在放假回家之后好好陪陪家人，结果到家之后行李还没收拾好就往外跑。放假回家，面对许久未见的家人，至少应该好好陪他们吃顿团圆饭，与他们聊聊你在大学的学习和生活，让他们放心。
- 考驾照，越早越好。我是从大一第一学期的寒假就开始学车了，到了大一结束时的暑假已经拿到了驾照。驾驶作为参加工作必备的一项技能，逐渐成为大学生必须掌握的本领。大学假期时间充足，利用假期的时间考驾照非常合适。

- 读几本书。有些同学在放假之后就给自己列书单，发誓在这个假期结束之前一定要读完清单上的书目，结果第一本只读了两页就出去找同学玩了。相对于那些每次放假都带一摞书回家的“搬运工”，我倒觉得只带一两本喜欢的书回家的同学更聪明，因为他们知道带太多的书可能做的只是体力活。如果有时间读书的话，那么一两本足矣。
- 兼职或实习，每一段经历都是宝贵的人生财富。读大学时，身边有些同学放假之后仍然留在学校，他们会在这段时间去实习或者兼职，自己在得到锻炼的同时还赚了一笔零花钱。
- 旅行。父母在，不远游？那就和父母一起远游！利用假期的时间旅行是个不错的选择。不管是跟父母一起外出度假，还是跟同学一起说走就走，都将成为难忘的回忆。
- 做些给大学、人生加分的事，如练字、运动、学做饭等。小黄是我隔壁宿舍的同学，他把一件事情坚持了四年：练字。可以负责任地说，每次开学回来，他的字都有进步。大四毕业之前，他的楷书和行书已经写得很不错了。他每个假期都会把几本已经快用烂的字帖和新买的一摞透明练字纸带回家，用他自己的话说：“假期时，我每天在家都会练字，累的时候也会抽出时间来写一行。”就这样，四年之后，他成

> 一手好字真的能给人留下非常深刻的印象！

了我们班写字最漂亮的同学。放假在家是最容易长胖的时候，尤其是寒假，还赶上过年，吃得好，睡得香。所以，别光顾着吃，也要进行运动。每次放假，我都会约上同学去锻炼，寒假的时候去晨跑和打篮球，暑假的时候去游泳，虽说没有锻炼出腹肌，但也没有发胖。重要的是，每天适量运动，整个人都会很有精神。另外，对于已经会做饭而且还做得不错的同学，给你点个赞；对于只会煮方便面的同学，假期在家的时间很宽裕，不妨学学做饭。试想，爸妈在下班回家后发现，一顿丰盛的晚餐已经在桌上等着他们，这样你是不是会很有成就感。而且，作为家庭生活的必要组成部分，会做饭已经成为择偶的“加分项”，希望你务必重视呀！

# 第5章
# 友情和爱情

在你运动受伤时同学给你买来的云南白药，父母给你打来的一通电话，期末前辅导员的一句叮嘱，和心爱的人漫步时的相视一笑……这些都可以让你感受到大学生活的温暖和感动。

大学四年，有友情的感动、亲情的呵护、师生情的温暖、爱情的甜蜜，会让你觉得大学生活是如此美妙。本章从友情、亲情、师生情、爱情切入，陪你走过一段“情深义重”的大学之旅。

# 1 室友：生活在同一屋檐下的“亲人”

2004年，云南大学学生马加爵杀害四名同学的事件引起社会各界的广泛关注。据马加爵供认，事件的起因是打牌争执。事发前几天，马加爵和邵瑞杰等几个同学在打牌时因邵瑞杰怀疑马加爵出牌作弊而发生争执。随后，几名同学对马加爵不断地进行人格侮辱，于是尊严一直被践踏的马加爵起了杀心，接连杀害了四名同学。

2013年4月，上海复旦大学上海医学院研究生黄洋遭室友林森浩投毒后死亡。林森浩与黄洋均为复旦大学上海医学院2010级硕士研究生，分属不同的医学专业。2010年8月，林森浩入住复旦大学某宿舍楼421室。一年后，黄洋调入该寝室。之后，林森浩因琐事对黄洋不满，逐渐怀恨在心，最终使用极端的手段将黄洋残忍杀害。

这两个故事告诉我们，惹谁都不要惹室友，否则“室友很生气，后果很严重”！记得有段时间，高校大学生群体中广为流传一句话：“感谢室友不杀之恩！”

感谢室友不杀之恩！

进入大学，我们过的是集体生

活。你会和来自天南海北的同学生活在一起，会和形形色色的人接触。当你耳边还萦绕着父母的嘱托“害人之心不可有，防人之心不可无”时，你会慢慢地发现，室友们实在是一帮有趣的人，和室友在一起生活四年是一件很幸福的事情。试想，全国高校每年入学的新生有几百万人，但只有你们几个分在了一个宿舍，这在统计学上是小概率事件，所以你要懂得珍惜这份来之不易的感情。

你的宿舍里可能有电脑能手、段子高手、体育健将等。总之，他们身上一定有值得你学习的地方，你要学会发现他们身上的闪光点，欣赏他们，把他们当作你最亲爱的兄弟姐妹。

刚进入大学的时候，我也很好奇身边是一群什么样的人。直到军训结束后大家都互相熟悉了，我才发现这几个哥们有多么可爱。在大学，我很感恩，能在他们的陪伴下愉快地度过大学四年。大家一起骑行，一起打球，一起打游戏，一起写作业，生活中互相照顾，学习上相互帮助……太多的过往记录着我们点点滴滴的快乐。

是谁在你生病时，宁愿逃课也赶去医院陪伴你？是谁在你受伤时，用自己的医保卡给你买药？是谁在你参加活动时，把自己的正装洗干净，放心地借给你穿？

他们就是你身边最亲爱的兄弟姐妹。

大学四年里，室友之间不可能没有一点摩擦，很可能会因为一件小事就吵起来，甚至动起手来。但是雨过天晴，大家依旧是好朋友，过去的就让它过去吧，谁都别再去翻那些陈年旧账。就拿我们宿舍来说，每个人都有自己的缺点和毛病，这就导致宿舍生活中难免会有磕磕绊绊。

大学四年里，有一件事我一直都没有告诉我的室友，那就是从大一开始，我便用手机拍照记录了我们六个人生活的点点滴滴：宿舍里的“裸体”写真，球场上的飒爽英姿，教室里的昏昏欲睡，餐厅里的垂涎欲滴。就在毕业离校之前，我制作了六本相同的相册，将其送给了我的室友。时至今日，每当看到这本相册，我都会想起我们在一起经历过的一幕幕。

记得大一第一学期快结束时，我在宿舍搞了一次“墙体艺术”，在墙上写了一段歌词：

我喜欢快乐时马上就想要和你一起分享，
我喜欢受伤时就想起你那温暖的怀抱，
我喜欢生气时就想到你们永远包容多么伟大，
我喜欢旅行时为你把美好记忆带回家。
因为我们是一家人，
相亲相爱的一家人。
有缘才能相聚，
有心才会珍惜，
何必让满天乌云遮住眼睛。

每当我回到宿舍看到这面墙时，再多的委屈和误会也会慢慢融化。如果你懂得包容和忍耐，宿舍就是一个温馨的家庭。你会慢慢发现，在这样温暖的家庭里生活，你的大学生活会过得很温暖、很愉快。

# 2 人至察则无徒

美国心理学家威廉通过研究得出结论：凡是太聪明、能算计、爱计较的人，实际上都是很不幸的人，甚至是多病和短命的。爱算计的人90%以上都患有心理疾病，这些人感觉痛苦的时间和深度也比不爱算计的人多了许多倍。因为算计本身就已经使人失去了平静，让人陷入了一事一物的纠缠里，而一个经常失去平静的人，一般都会出现严重的焦虑症。一个常处在焦虑状态中的人，是谈不上快乐的，甚至是痛苦的。

生活中，爱算计的人很难得到平衡和满足，反而会由于过多的算计引起对人、对事的不满和愤恨。爱算计的人，心胸常被堵塞，每天只能生活在具体的事物中不能自拔，习惯看眼前而不顾长远。更严重的是，世上千万事，爱算计的人并不只对某一件事算计，而是习惯对所有事情都算计。太多的算计埋在心里，慢慢积累便会成为忧患。然而，忧患中的人怎么能把日子过得舒心呢？

小冬是我们学院的一名男生，但周围的同学都不太愿意和他交往，因为他喜欢斤斤计较、贪图小便宜。他家里条件不算差，但他却总是哭穷，经常用宿舍其他人的生活用品。在一起打篮球的时候，身体冲撞是无法避免的，但别人只要对他有轻微的冲撞，他就大喊“犯规”，有时甚至大发雷霆。久而久之，大家便对他敬而远之。

经济学里有一个概念叫作“时间成本”，就是说时间对每个人都是公平的，你用一段时间来做某一件事，就不能用这段时间去做另一件事。时间成本的概念告诉我们：一定要在有限的时间里做对自己效益最大的事情。比如，你用一段时间来思考如何算计别人，你就不能用这段时间来思考如何让自己成长和进步。

克莱·汤普森是很多爱看NBA的同学都熟悉的“佛祖”，他以“三分球”和“佛系”为广大球迷所熟知和喜欢。汤普森是勇士最不“招黑”的球员，他之所以不招黑，很大程度上是由于他的“佛系”，不争不抢，不去计较。尽管在杜兰特加盟勇士之后，勇士的光芒都被杜兰特和库里抢走了，但汤普森依旧做最真的自己，他在球场上不去过多争抢球权，尽力跑出每一个空位来完成投射，为球队贡献自己的力量。汤普森的“不计较”让他在美国“个人英雄主义”的文化潮流中成为一股清流。

“水至清则无鱼，人至察则无徒”。一个斤斤计较、锱铢必较的人在与他人交往时，首先会考虑自己的利益得失，他为人处世会朝着“利己”的方向，至于是不是“损人”，他就会“事不关己高高挂起”。没有人会愿意跟这种人打交道，这样的人很难交到知心的朋友。

> 水至清则无鱼，人至察则无徒。

大二结束的暑假，我在家看了《乔家大院》这部电视剧，看完之后感触良多。这部剧中有这样的情节：乔致庸带领“复”字号在包头与邱天骏的达盛昌争做高粱霸盘，最后乔致庸明明可以将竞争对手置于死地，却主动上门给邱老前辈磕头谢罪，最后两家联手重建商业秩序。在这部剧中，乔致庸的宽广胸怀给我留下了深刻的印象，这也是他能把买卖做得那么大的原因。

读完大学四年，我发现身边的同学大多都胸怀宽广，他们一般不会计较日常生活中的琐事，不会在乎谁偷喝了自己的可乐、谁动用了自己的笔记本电脑以及谁把自己刚刷干净的鞋子弄脏了。就这样，他们在大学四年收获了很多朋友和知己，在人生路上也有了更多人的帮衬和扶持。

准备考研的那一年是我四年大学生涯最难忘的一段时光。从三月到十二月，在整整十个月的时间里，自己承受着心理和身体的双重折磨。随着时间的推移，考研教室里的同学都互相熟悉了，在各自奋斗的过程中也不忘相互帮助。我和坐在我后边法学院的同学经常一起结伴吃饭。有一次他向我投来羡慕的目光："怎么这个教室里谁都认识你？"我嘚瑟地告诉他："哈哈，这是我的人格魅力！"

其实，每次我下楼打水的时候，都会问问大家谁需要打水。如果有人需要打水，我就顺便帮他一起打了。久而久之，我就和考研教室里的很多同学都熟悉了。在那十个月的备考时间里，我感觉挺温暖的——奋斗在同一条路上的兄弟姐妹相互帮扶着往前走，彼此给了心理上很大的支撑。

与人交往讲究的就是将心比心。在大学这个没有利益冲突的环境中，很多同学的人品都很好。你对别人好，关心别人，别人就自然对你好，关心你。

四年大学的感悟告诉我：想要拥有幸福的大学生活，一定要学会适当奉献和牺牲自己，而我们的付出总会在将来的某一天以另一种形式回报给我们。关心别人实际上是一种人情投资，也是

“收益率”最高的投资。当然，我们不应该为了得到别人的回报而去逢迎谄媚，而应恰好在那个时间、那个地点真心地为他人提供帮助。

## 3 交友：要有自己的一套标准

父母是不是在你的耳边唠叨过：“上了大学之后，多跟身边的好同学交往，少跟‘坏同学’打交道。”很多学弟学妹都听过这样的“大道理”，也许你心里已经默认了这个道理。那么，我想问问你，什么是“好学生”，什么是“坏学生”？

相当一部分家长在孩子心智尚未成熟的时候就告诉孩子，要跟学习成绩好的同学一起玩；不要跟学习成绩差的同学混在一起，以免沾染上恶习，使学习成绩下滑。其实，这种教育观念会对孩子的心智产生消极影响。进入大学这个“小社会”，我们会跟来自天南海北的同学打交道，结交来自五湖四海的朋友。每个同学都会有自己的一套交友标准，也会有自己的一套为人处世的方法。

我觉得我的大学生活过得很有意义，大学四年我结交了很多好朋友，在不断地与人接触交往的过程中形成了属于自己的一套交友标准。我并不以学习成绩作为评判朋友的标准，而是用一颗真心。

大二下学期的体育课，我选的是篮球，整个学院选篮球课的男生都在一起上课。在第一堂课上，老师说有没有人想当篮球课代表。当时没有人举手，然而后排有个同学喊了我的名字。然后，我周围的同学就一起把我“推”了出去，结果我就在大家的支持下当了篮球课代表。一个学期的篮球课，我安排同学课前去器材室取篮球，辅助体育老师教同学们三步上篮和投篮，给老师和同学们义务打水，和同学们一起打全场比赛，等等。我做了一个学期的篮球课代表，自认为对得起大家的信任。学期末，老师找到我说：“这个学期你做得非常棒，同学们对你很赞赏，结课时我会给你个惊喜。”虽然我很期待这个惊喜是什么，不过那段时间准备期末考试，就把这茬给忘了。直到后来查期末成绩时，我发现我的体育课成绩是100分。

> 负责换来的是“惊喜”！

有首老歌唱得好：“千里难寻是朋友，朋友多了路好走，以诚相见，心诚则灵，让我们从此是朋友。”在四年的大学生活里，我们会遇到形形色色的人。学弟学妹要懂得，每个人身上都有自己的闪光点，都有值得我们学习的地方。我们要学会发现他们的优点，结交他们，欣赏他们。

结合大学四年走过来的路，我认为大学里的朋友关系确实很纯净，不以利益、家庭背景、学习成绩为前提。在大学里，以下几种朋友是值得交往的。

- 比自己优秀的同学。“近朱者赤，近墨者黑”，与这些同学相处，你自己也会有所长进。他们之所以优秀是因为他们有更好的学习和生活习惯。通过与他们相处，你会受到潜移默化的影响。

- 家庭条件不如自己的同学。与这些同学相处，你会懂得成长的艰辛，明白不愁吃、不愁穿、安心在教室读书是非常幸福的事情。最重要的是，和这些同学相处，你会逐渐学会如何去尊重别人。
- 性格互补的同学。与这些同学相处，你会弥补自己性格上的缺陷，让自己变得更强大。比如，你是个急性子，说话、做事一味图快，就要学会和"慢性子"的同学交朋友，通过朋友的"慢"来磨炼自己的心性，告诉自己着急并不能有效解决所有的事情，不紧不慢、有张有弛才能长久。比如，你不善交际，就要和很会交际的同学交朋友，走进他们的交往圈，不断地认识新朋友，逐渐消除自己在与人交往时的障碍。

一份最有意义的礼物！

2017年的春节，我收到了一份很特殊的祝福。当时，我正忙着在微信群里发红包、抢红包。但是，当看到学弟小昊发来的微信祝福时，我觉得他送给我的话是我在新年收到的最有意义的祝福。他的原话是这样的："我经常在想为什么好多牛人可以那么温和地对待所有人，把所有人都当成朋友，大概是因为他们见过更大的世界，有更高的涵养和风度。这是我前几天看见的一句话，在此与兄长共勉，希望我们早日达到牛人境界。"

# 4 父母、家人：是不是你努力奋斗的动力

我们独自在外读大学，父母心里百般挂念，所以不等我们给家里打电话，他们就已经给我们打过来了。此时，我们应该多拿出一点耐心，不要嫌他们烦。等有一天为人父母的时候，我们就会理解父母此时的心情了。

> 儿行千里母担忧，母行千里儿不愁！

有人说听歌听的是一种情境，因为听歌的人有时能与歌词产生一种共鸣，让自己身处其中。其实，歌曲能够在我们失望和迷茫的时候给予我们力量，而有三首歌最让我回味无穷。

- 第一首：满文军的《懂你》。高中的时候，班主任张老师为了让班里的同学知道父母供我们读书不容易，给我们播放了《懂你》的音乐短片。当时就有很多女同学哭了，可是我并没有多大的感触。但当我真正离开了家，自己一个人在外读大学时，我便逐渐感受到父母“把爱全给了我，把世界给了我”。
- 第二首：Beyond（中国香港的一支摇滚乐队）的《真的爱你》。在Beyond刚成立的时候，其他明星都是先出名再开演唱会，而Beyond想先通过演唱会的形式让别人认识自己。但开演唱会需要很多钱，那时乐队并没有钱。黄家驹的家人

不希望他走上音乐这条道路，而他的母亲却偷偷给了他一笔钱。后来，黄家驹想要在母亲节来临之际创作一首歌曲感激母爱的伟大和无私，于是这首《真的爱你》应运而生。后来，这首歌传唱香港乃至内地的大街小巷！我在初中的时候就听Beyond的歌，看到《真的爱你》这个歌名以为这是一首描述爱情的歌呢，直到后来才知道这首歌是歌颂母爱的。这首歌一直激励我向前，“教我坚毅望着前路，叮嘱我跌倒不应放弃”。

> 是你多么温馨的目光，教我坚毅望着前路，叮嘱我跌倒不应放弃！

- 第三首：黄勇的《男人花》。这是我在读大学时听到的歌曲。当时我在准备考研，心里的压力确实挺大。午休之后，我用歌曲来醒神，当时随机播放到了这首歌，顿时就被这首歌真挚的歌词吸引了。每次听到这首歌的时候，我就会想：“我的这点辛苦和父母所承受的辛苦相比算得了什么呢！”于是，我便毅然决然地去教室复习了。大学四年，每当遇到挫折和困境的时候，我就会听听这首歌。

## 5 爱他们，一件件小事即可

高考结束后，我在家里待了一个假期。终于要开学了，开学的激动和离家的不舍交织在一起。看着父母转身离开的身影，我终究还是没能抑制住强忍的泪水，心想：“我一定会努力学习，将来好好报答他们。”

“百善孝为先”，虽然我们还只是学生，没有足够的经济实力给父母足够丰富的物质生活，但这并不影响我们表达对父母的爱。在行孝方面，《礼记·祭义》里有一句话：“孝子之有深爱者必有和气，有和气者必有愉色，有愉色者必有婉容。”“婉容”是一种很难的修行，如果我们连面对父母都不能心平气和，那么谁会相信我们有成就事业的格局和心胸呢？

真正的孝，要有实实在在的心，来不得半点虚假。

有位大学教授在一次讲座中说，儿女在有条件时很容易做到给父母买车、买房，但是最难做到的就是不给父母脸色看。孔子曾经对他的学生说，孝敬父母什么最难，是“色悦”——不给父母脸色看。如果你对父母轻蔑和不耐烦，这种孝心就是不到位的，因为这会让父母很寒心。

“色难”难在何处？难在能有一颗恭敬的心，难在能有一个谦和的态度，于是“色悦”成了衡量一个人孝心的道德标尺。也就是说，我们要经常对父母微笑，敬重他们，关心他们。面对父母时，真诚地看着父母的眼睛，跟父母交谈几分钟，不嫌弃、不抱怨。想对父母发脾气时克制一下，始终和颜悦色地对待父母，他们就会生活得很开心。虽然你在外求学，但是通过克制与修炼，也是可以做到“色悦”的。

爱他们，首先要有“婉容”，不给父母脸色看，不让他们寒心。此外，你需要付出实际行动。

■ 记得父母的生日，用自己的奖学金或者兼职的工资给他们买个小礼物，邮寄回家或者放假给他们带回去。送给父母的生日礼物不在于多么贵重，关键是你的这份心意。小萍是我们专业的一个女生，她知道她的父亲颈椎不好，就用奖学金买了一个颈椎按摩仪作为生日礼物送给了他的父亲，给我们周围的同学树立了榜样。

- 假期回家，多陪陪父母，经常给他们做晚饭。父母在外工作累了一天，如果回家之后发现你已经做好了晚饭在等他们，他们会是什么心情？我很佩服那些能给父母做饭的同学。虽然这只是一件极其普通的小事，可这就是你对父母的回报。
- 常打电话回家，告诉父母你在学校健康平安，把自己在学校遇到的新鲜事甚至烦心事跟家人说说。有些同学一个学期都不给家里打电话，但凡给家里打电话，第一句话就是："喂，爸，生活费不够了，再给我打点钱吧！"这是不可取的。你在外求学，父母却要对你牵肠挂肚，你于心何忍？所以，你要经常给家里打电话，哪怕是几分钟的时间。家人知道你在大学过得不错，他们会很高兴的。

> 常打电话回家，告诉他们自己的近况！

- 谦恭地聆听家人的教诲，也就是说要"听话"。这不仅是尊重他们的表现，更能让你少走些弯路，少吃些亏，毕竟父母是不会害你的。家人的教诲大多都是对你有益的，尽管有时候他们的想法在你看来会有些偏激，你无法理解，但不得不说这些教诲大多是他们付出巨大的代价换来的，他们不希望你重走他们走过的弯路。

聆听父母的教诲，因为他们的教诲中蕴含丰富的人生哲理，也包含做人的道理。可能你现在会埋怨父母，嫌他们唠叨，但是很多年后你会感激你的父母，甚至会后悔当时怎么没有多听几句父母的话。父母的教诲对你现在的生活会有帮助，对你的一生都会有益。这是一笔财富，千万不要不以为然。

## 6 找你的辅导员促膝长谈

到了大学，辅导员就相当于班级同学的大家长，管理我们学习生活的方方面面，直至我们毕业。大学四年的经验告诉我，多跟辅导员接触，让辅导员充分了解自己，对于我们的大学生活是非常有帮助的。

大二的十一国庆假期，我待在学校没有回家，闲得我挨个宿舍串门闲聊。隔壁宿舍的小光正准备去参加面试，工作内容是在一个会展中心做向导，每天两三百元的工资，还管吃管住。这么好的条件顿时就把我们吸引了。正好他说那里还招人，我便简单整理一番和他一起去面试了。面试的内容无非是一些简单的接待礼仪和财务账单的填写事项，我们是可以胜任的。可当面试结果出来的时候，只有小光被录取了，原因是名额有限，只招收一人。

试想一下，如果你是负责招聘的工作人员，在只有一个名额的情况下，你是不是也会选择跟自己联系更为紧密的人，因为你熟悉他、了解他。在大学里也是同样的道理，你也许会想："我和班里的某个同学学习成绩不相上下，为什么一有重要的信息辅导员会第一时间通知他，为什么有什么事情老师会找到他而不是我呢？"我相信每一个在校大学生都会遇到类似的问题。所以，我建议你多和辅导员接触，让他（她）充分了解你，了解你的想法，了解你读大学的目标和计划，这对你来说是很有必要的。

> 人往往更倾向于信任或者选择自己熟悉和了解的人！

我们班的辅导员是一个五十多岁的"小老头"，他在我们身上投入了很多心血，经常给我们开班会。"小老头"很为班里同学的前途着想：他得到一些单位的招聘信息就会往班级群里发，还经常叫同学以宿舍为单位去和他进行座谈，以了解同学们的思想和学习情况。大学四年，我和他处成了"亦师亦友"的关系，有些时候我觉得他更像"父亲"。我时常去找他聊天，向他请教学习和生活中的问题。正是基于对我的了解，他每次给予我的建议都是一针见血，帮助我在学习和成长的路上一路向前。

相比之下，大学四年，我身边有很多同学没见过辅导员几面，他们说："我们的大学生活过得挺好，不需要去找辅导员。"这其实也无可厚非，但如果你想在大学有所作为，有所收获，最好还是去找辅导员多聊聊吧！

- 如果你想竞选班干部。大学里竞选班干部是一件很有趣的事，通常会有几个同学竞选班长、团支书等"要职"。能力固然重要，但如果能让辅导员熟悉你，你就如虎添翼了。

- 如果你想入党。很多毕业的同学都说读完大学没能入党是他们的遗憾。如果你不想毕业之后也留有遗憾，那么在保证学习成绩的同时你需要找到辅导员或者班级所在的党支部阐述自己的政治倾向，递交入党申请书。
- 如果你想对大学生活和职业生涯有清楚的规划。很多同学在读大学时万分迷茫，不知该何去何从，毕业时也随便就找了一份工作。究其原因，很重要的一点就是到了大学，每个人都只能靠自己。由于信息的不对称性，学生无法清楚地规划自己的大学生活和职业生涯，而辅导员却掌握很多信息，也有带毕业生的经验。所以，聪明的学生在迷茫的时候都会去找辅导员“取经”，以帮助自己规划学业和前途。

## 7 感谢大学里遇到的每一位老师

结合自己四年的大学生活，通过留心观察身边的同学，我发现了这样一个结论：任何一个在大家看来成功或者优秀的同学背后都有高人指点或贵人帮助；而这些所谓的高人和贵人可能是家里有经验和阅历的长辈，可能是学校的辅导员或专业课老师。

每一位同学在进入大学之后都会遇到自己生命中的贵人，关键在于我们是不是善于寻找和发现。根据我自己的理解，可以把贵人定义为：任何给你提供过帮助并且一直关注你成长的人。这些人没有职位的高低之分，更没有人格的贵贱之别，他们都给你提供过帮助并且没有向你索取任何回报。

我很感谢我在大学里遇到的每一位老师。也许国内高校老师身上都有一个共同点：乐于帮助学生。我不是给老师们唱赞歌，而是在和老师们接触之后有感而发。为什么这么说呢？可能是因为老师们看到积极上进的同学都愿意帮扶一把，也可能是因为我们和他们的孩子年龄相仿，他们看到我们就像看到他们自己的孩子一样。我认为最根本的原因就是他们作为教师“传道授业解惑”的职责所在。

感谢大学四年的每一位老师！

我的辅导员是我在大学乃至人生中的一位恩师。毕业之后，我经常回学校找他聊天。2017年6月，我作为班级代表参加学院的毕业典礼。我站在台上看到他花白了的头发，泪水就再也止不住了。四年的时光，他给予了我太多的指导和帮助，可能这也是我愿意和他交流的原因吧。

从大一开始，我就觉得这个上了年纪的“小老头”挺有意思，课余时间没什么事情就愿意跟他聊天。每次困惑的时候，我都会找到他吐吐“苦水”。他带学生的经验很丰富，每次都会一针见血地指出我的困惑从而对症下药，我真的很感谢他对我的帮助。

写本书的过程也是回忆自己大学生活的过程，大学时教过我的每一位老师都曾在我的脑海里浮现——有的老师已经上了年纪退休了，有的老师已经调到其他工作岗位，有的老师在课堂上批评过我，但他们都对自己的学生精心灌溉。现在回想起来，心里满满的都是感激。

- 财务处的李老师：耐心指导学生财务报账。读大三时，我们的科研项目到了报账阶段。很多有科研经验的同学都知道，科研项目不像其他的事情“万事开头难”，而是越到后期越困难，比如报账和结项。我们在报账上几乎用了三周的时间。报账把我们几个成员折腾惨了，直到我们遇到了财务处的李老师，他给予了我们很多指导和帮助。到现在我还记得他把教育儿子的一句话送给我们几个同学：“踏踏实实做人，认认真真做事，成功路上没有捷径。”在他的指导下，我们很快就完成了报账。
- 教“公司治理”的石老师：被学术耽误的“评剧大家”。石老师是国内名校的博士，拥有儒雅的外表，很容易被看成斯文的教书新人。不过，可别小看这位老师，他的评剧唱得很棒，他参加过很多次评剧大赛并多次获奖。上他的课，我们可是有“耳福”了。每次上课前，应同学们的邀请，他都会来一段“评剧”。所以，很少有同学逃他的课。
- 教“毛泽东思想和中国特色社会主义理论体系概论”的李老师：中国传统文化的传承者。慈眉善目的李老师会在课上给我们讲中国传统文化以及做人做事的道理，还会给我们推荐一些值得阅读的经典（如《了凡四训》），让同学们受益匪浅。
- 教篮球的王老师：和学生们“打成一片”。王老师是从国内某知名体育大学篮球专业毕业的，年纪轻轻的他简直就像“哥们儿”。每次上课，在我们做完准备活动后，他都会带着我们打全场比赛，大家都很喜欢他。所以，篮球课就成了我们学院男生“出勤率”最高的课。

- 教考研数学的张老师：以教数学为“辅”，以指导学生进行考研规划为“主”。2016年3月至6月，在张老师给我们讲考研基础阶段的数学课期间，我便与这位老师结了缘。后来在填报考研志愿的时候，他帮助我选择了合适的学校。我很感谢这位老师。时至今日我们还有联系，彼此已经超越了师生关系，更像是忘年之交。

学知识！学做人！

清华大学老校长梅贻琦先生曾经说过：“大学者，非谓有大楼之谓也，有大师之谓也。”身处象牙塔的我们要懂得感谢在大学遇到的每一位老师，更要向老师学习专业知识以及做人做事的道理。毕竟作为过来人，老师的经验教训可以指导我们在成长的道路上少走弯路，少犯错误。

大学生活可以是自作主张、随波逐流、道听途说、人云亦云、没有方向、一片迷茫的四年；也可以是经人指点迷津从而拨云见日、柳暗花明的四年。所以，聪明的同学应懂得向老师“取经”，让自己在大学四年有所成长。

## 8 谈恋爱：“必修”还是“选修”

四年后，你可能不会记得大一上了多少门课，可能不会记得教你高数的老师是哪位，可能不会记得读过多少本书，也可能不会记得哪个朋友还欠你几十元钱没有还；但你一定记得哪个男生（女生）向你表白过，一定记得牵着他（她）的手一起在操场漫步的场景。

大学四年里，同学们对于是否应该谈恋爱看法各异。有的同学由于家庭或个人的原因大学四年始终单身；有的同学从高中就开始谈恋爱，到了大学对这个问题并不避讳；还有的同学跟风，看到别的同学谈恋爱，出于面子或其他原因自己也想谈恋爱。

一般情况下，大学不会明令禁止同学们谈恋爱。你会看到学校里成双结对的情侣——在食堂里、操场上、咖啡馆里、林荫路上、篮球场边，甚至图书馆里。很多单身的同学也心动了。

> 秀恩爱在什么地方都可以，除了图书馆！！！

大学里不谈一场恋爱算不上是完整的大学生活。谈恋爱是一门学问，你会在这个过程中磨炼自己的心智，提升自己的品位。你会发现自己学会了换位思考，懂得了站在对方的立场上考虑问题。你会发现自己学会了包容，懂得了发现并包容对方的缺点。你还会发现自己学会了理解，当你们之间出现误会时，你懂得主动与对方交流沟通。

记得大二和贾老师聊天时，她说：“恋爱是一场修行，有助于恋爱双方共同成长，互相成就！”

> 大学恋爱，是应该，但不是必要。如果遇到，那就爱一回！

易中天先生有句话说得很好：“人生和爱情一样，错过了爱情就错过了人生。”虽然爱情能让人无所适从，让人神魂颠倒，但是在面对爱情的时候，我们要勇敢一点，大胆说出自己的爱，勇敢追求自己的爱。“有花堪折直须折，莫待无花空折枝”，所以说错过了爱情就错过了大学的精彩。

小达是我们篮球队的一个学弟，他从大一开始就喜欢他们班的一个女生，经常和那个女生一起上自习。那个女生也经常来球场看他打球。我们都能看得出来那个女生也对他有好感，只不过两个人没有正式确定为男女朋友。虽然我们都劝小达正式追求那个女孩，可他总是犹犹豫豫地说："我们俩都在一个班，如果感情处理不好会很尴尬，不如就像现在这样做好朋友，以后会有机会的。"

错过，便是遗憾！

就这样，他们一直维持着"好朋友"的关系。后来，有一个社团的男生对那个女生发起了猛烈的"攻击"。不久之后，小达便收到那个女生的微信："我们以后不联系了吧，我有男朋友了，也祝你早日找到幸福！"记得那次之后，小达失落了很长一段时间。

面对喜欢的人，一定要勇敢一点，千万不要等到错过之后自己躲在角落伤心失意。关于恋爱，我还有一些话要提醒你：虽说如今思想观念开放，大学生也有正常的生理需求，但在谈恋爱的过程中，要学会负责，要为对方着想。

## 9 毕业季是不是分手季

大一时，小政学长和小丽学姐被我们看成是天造地设的一对。小政学长学习成绩好，篮球打得好，还是学生会的部长；小丽学姐每年都能拿到奖学金，还是班干部。两个人一起去图书馆学习，一起去食堂吃饭，让我们这些大一的“小鲜肉”好生羡慕。到了大四，学姐考上了江西的公务员，毕业之后就要回到家乡工作，学长在大学所在的城市找到了工作。因为工作，两个人不得不分开，把最美好的青春留给了彼此。

也许这就是理想与现实的冲突，我们总以为大学恋爱很美好，总想着和喜欢的人携手共度此生，可毕业之后却又不得不面对现实。这是每一对大学情侣都要面对的问题：毕业季是不是分手季？

上大学之前，我们总是听父母唠叨或者听读完大学的学长学姐们说：大学期间最好不要谈恋爱，浪费时间、浪费金钱、浪费精力，毕业之后天南海北各自飞，恋爱双方很难再走到一起。可能很多同学都听到过类似的“忠言”，接受过自称“过来人”的学长学姐给我们灌输的类似的“良药”。

其实，“毕业季是不是分手季”只有自己亲身经历过才会有明确的答案，只有自己亲身经历过才有发言权。虽然“大学毕业即分手”成了很多情侣的真实写照，但“从校服到婚纱”的情侣也不在少数。我身边的很多同学都从校园恋爱最终修成正果，走进了婚姻殿堂。

小彤是我的高中同学，高考之后去了天津某高校读大学。大学期间，她遇到了自己的“真命天子”，两个人互相鼓励，互相帮助。毕业之后，两个人一起留在了天津。没过多久，我就收到了她的“喜讯”。

小旭是我们学院的同学，在读大学的时候，他和女朋友一起上课，一起吃饭。他们俩来自同一个城市，毕业之后都回到家乡工作了。

“毕业季是不是分手季”的确是一个值得探讨的话题，也是每一个恋爱中的男女到了大四必须面临的问题。有的同学说：“只要两个人真心相爱，时间和距离都不是问题。”而我却认为，大学恋爱之所以单纯甜蜜是因为这段感情还没有受到现实的摧残和诱惑。

教我们职业生涯规划的贾老师说过这样一句话：“恋爱不等于婚姻，恋爱是两个人的事，婚姻是两个家庭的事。”这句话说得非常有道理，如果恋爱双方想实现“从校服到婚纱”，那么双方不仅仅要有坚定的感情，更要有长远的考虑。

- 双方毕业后留在哪个城市。这是大学生在毕业后面临的首要问题。如果两个人的距离很遥远，双方久而久之就会产生问题。如果两个人留在一个地方，那么这样会稳定得多。
- 上学和工作的矛盾。如果在毕业之后一个人继续读研，另一个人参加工作，那么这样可能会影响感情的发展。如果两个人在毕业后都在一座城市，那么这种情况还好。如果两个人分隔异地，情况就会很严峻。
- 家庭意见。家庭条件、家长意见是非常重要的因素，都会影响两个人能否走到最后。

曾经的北大校长王恩哥在送给大学生的十句话中谈道，人的一生应该追求“两个一致”：一个是兴趣与事业一致，一个是爱情与婚姻一致。兴趣与事业一致，能使你的潜力得以最大限度地发挥；婚姻要以爱情为基础，没有爱情的婚姻不是牢固的婚姻。大学里的恋爱可以帮助我们很好地理解爱情。尽管我们由于年龄和阅历等原因不会很深刻地理解爱情，但是恋爱的过程会促进我们心智的成熟，加深我们对大学和人生的理解。

> 追求兴趣与事业一致！
> 追求爱情与婚姻一致！

在合适的时间遇到合适的人，喜剧；在合适的时间遇到不合适的人，悲剧；在不适合的时间遇到合适的人，遗憾；在不合适的时间遇到不适合的人，尴尬。

时间的沉淀只是为了让我们遇到更好的自己和更好的那个他（她），而大学四年的时间就属于“沉淀”。四年下来，经历过恋爱的男生和女生对爱情会有自己的看法和见解，而这一切都是为了迎接生命中的另一半而把自己变得更好的必经之路。

# 第 6 章

# 做人和做事

学做人是大学四年乃至一生中最重要的任务，进入大学之后最应该学的就是做人。很多同学在进入大学后取得了不错的学习成绩，但是在做人这门课上却“挂了科”，以至在走出学校进入社会后因为不会做人付出了很大的代价。

本章主要围绕德才兼备、成事者不谋于众、学会感恩、做个靠谱的学生、学会“说话”等多面来讲述如何在四年的大学生活中学会做人和做事。正所谓“三分做事，七分做人”，可见做人在一个人成功路上的重要性。所以，在大学里，你不仅要学会学习，更要学会做人和做事。

# 1 德才兼备：大学四年追求的目标

不可否认，智商是成功的重要因素，但仅有智商，却很难做成事情。因为决定人一生成就的最关键因素是“德商”。纵观古今中外在各行各业取得成功的人物，大多具有令人敬佩的道德品质。而那些靠耍小聪明、溜须拍马上位的人，也许能得意一时，却不会得意一世。

> 小胜凭智，
> 大胜靠德！

大三的时候，在一堂专业课上，在老师给我们做蒙牛的案例分析时，我了解到蒙牛的老总、国内著名民营企业家牛根生一生信守的成功智慧：“德成智出，业广惟勤；小胜凭智，大胜靠德。”他曾说：“想赢两三个回合，赢三年五年，有点智商就行；要想一辈子赢，没有‘德商’绝对不行。”其实，蒙牛能够从一个乡镇小企业发展成乳业大集团，并在乳制品行业中执牛耳十几年，那些优秀的营销策略可能在前期发挥一些作用，而贯穿企业发展始终的却是“德”。事业做得越大，“德”所起的作用也就越大。

2014年“五四”青年节，习近平主席在北京大学寄语青年：“青年处在价值观形成和确立的时期，抓好这一时期的价值观养成十分重要。这就像穿衣服扣扣子一样，如果第一粒扣子扣错了，剩余的扣子都会扣错。人生的扣子从开始就要扣好。”

大学四年：要扣好第一粒扣子！

大学四年就是人生的第一粒扣子，培养正确的人生观和价值观就是扣好第一粒扣子，这是大学四年的头等大事。在四年的学习生活中，每个人都应该在为人处世上不断修炼自己，不断找出自己的不足并加以改正。首先，我们是中国的合法公民，我们要热爱自己的祖国；其次，我们在家里作为一个晚辈，应该懂得尊敬家里的长辈；再次，在与领导、老师相处的过程中，我们要懂得服从和执行；最后，在与同学朋友的交往中，我们应该做到将心比心，做到真诚待人。

## 对国家、社会

每个人都有自然人与社会人两种身份属性，都生活在社会的机体中，都无法脱离社会这张大网。我们所处的社会依附于中国。所以，我们首先要树立的就是家国意识，没有国哪有家。国是大家，是我们五十六个民族共同的家，我们没有理由不热爱我们共同的祖国母亲。

有句话说得好：“每个男孩从小都有一个当兵的梦。”小时候我特别想当兵，高中的时候也一直想考公安院校，最后由于各种原因没有实现儿时的梦想。所以，身边若有考上军校和公安院校，或者到部队里历练的同学，我都会送上自己的祝福。

小洪是我在大学里非常要好的朋友，在大二时积极响应大学生征兵工作，在体检和政审等环节通过之后就去当兵了。当时大家在送他的时候都很舍不得，我抱着他说：“兄弟，在军营里好好干，你也是带着我的梦想去当兵的。”

投笔从戎，文武双全！

参军是一种爱国的直接表现，祖国需要军人来保卫和守护。中国人民解放军是一种身份，更是一种骄傲。一身军装在身，肩上扛起的是一种保家卫国的责任，心里装着的更是一份神圣的荣誉。

我们应该感谢现在所处的太平社会——国家安定太平，百姓安居乐业。只有在这样的大环境下，中国梦才能逐渐实现，我们自己的小梦想才能实现。新时代里，我们在感恩祖国母亲给我们提供良好条件的同时，也要百倍努力，为实现中国梦做出自己的贡献，这更是一种爱国的表现。

我们这一辈年轻人心中的家国意识远没有老一辈革命家强烈，可能是我们一直都生活在和平年代。但是，我们一定要谨记，没有“大家”，哪来的“小家”，先有国，才能有家，国家利益是第一位的，因为它关乎所有的中华同胞的利益。

### 对家人

家人是这个世界上最关心我们的人，是我们最亲近的人，也是最容易被我们忽略的人。我们在外上学，会与同学一起分享高兴快乐的时刻，只有悲伤难过、一个人偷偷掉眼泪时，才会想起家人。

你身边可能也有这样的同学，他们只有在跟父母要钱的时候才会给父母打电话，其他的时候你听不到他们向家里嘘寒问暖的声音。我们的家人有自己的工作，有自己的事情要忙，却还要对我们牵肠挂肚，做儿女的于心何忍？所以，当有时间了，你可以给家里打个电话，哪怕是几分钟的时间。你可以跟家人聊聊自己最近的情况，让家人知道你在大学过得怎么样，这些都会让家人感到欣慰。

聆听家人的教诲同样重要，他们的教诲对你的一生都会有所帮助，这是一笔宝贵的财富。从小到大，我最敬重的人是我的爷爷，他不仅仅教给我很多做事的道理，更教导我如何做人。记得大四的第一个寒假，家乡下了一场大雪。下完雪之后，我和爷爷就开始扫雪。当时天很冷，街坊邻居都不想出来。爷爷带着我把庭院打扫干净后，又到门口把自家门前的雪扫完了，这时我已经收拾好工具打算往回走了。当我回头时，看到爷爷并没有停下，而是把邻居门前的雪也打扫干净了。

我们爷孙俩就这样一直打扫到了街头，一边打扫一边聊天。爷爷说："这样，大家来来往往就会方便一些，就不怕摔倒了。"爷爷没有多少文化，也不善于表达，但我清楚他是在用他的实际行动诠释着"为人民服务"的宗旨，同时也在提醒着我做人要为大家着想。爷爷是我的榜样，他总是用实际行动告诉我：人生最快乐的并不是得到，而是给予。

读大学时，我读过一本秦东魁老师的《你是自己命运的设计师》。第一次读时，里面的很多观点让我耳目一新。经过一番品味和思考之后，我发现这真是一本值得阅读的好书。它从命理学的角度来分析对家人行孝这件事，指出在我们行孝的过程中，我们的命运正在逐渐地改善。纵观古今中外，那些取得巨大成就的杰出人物，无一不是大孝之人，他们的德行配得上他们所取得的成就。

在此，我有三点建议：一是要及时尽孝，“树欲静而风不止，子欲养而亲不待”，读大学的你可以做自己力所能及的事来报答家人；二是要谦恭地聆听家人的教诲；三是在学校给家人打电话时尽量“报喜不报忧”，尽量不要让他们为你担心。

## 对领导、老师

这世上有一种珍贵的感情叫作“师生情”——老师既像父母一样关心着我们，又像朋友一样陪伴着我们。师生情很特殊，从小学到大学一直都在我们身边，但是很多同学都错误地处理了与老师的关系，把老师当作我们的对立面。其实，我们可以把老师当成父母，也可以把老师当成朋友，因为每一位老师都希望自己的学生能够成材。

进入大学，首先应该学的就是做人。面对老师，我们应该以一个晚辈的姿态来对待这些长辈，学会摆正自己的姿态和位置，不卑不亢，认真完成老师交代给我们的任务。

记得有一位长辈教导我要学会“多听、多问、多学、多思考”。面对老师交给我们的事情，我们在刚接手的时候一定会有不明白的细节。这时，我们需要多思考，找到做事的思路，实在不明白的就要多问。事后我们还需要及时反馈，并对每件事情进行总结和反思。

面对长辈的时候，我们要尊重他们，虚心接受他们的教诲，毕竟他们是过来人。而在听取他们的意见之后，我们也要结合自己的实际做出判断和抉择，做到“不唯书，不唯上，只唯实”。毕竟老师也是人，也有判断失误的时候。

用恰当的方式表达自己的想法也是一门艺术，很多同学因为固执己见或者不恰当的表达方式让老师产生了误解，彼此心存芥蒂。和老师相处的关键就在于交流和沟通，只有交流才能铲除彼此的障碍，让彼此的关系更进一步。懂得感恩也很重要，不忘师恩也不忘领导的帮助会让我们走得更远。

大冰是我们辅导员带过的一个师哥，比我高四届（在我上大一时他恰好毕业），在邮政储蓄银行工作。虽然他已经毕业了，但他依然隔三岔五地来学校看望老师，跟老师交流自己的工作心得，顺便向长辈“取经”。

如果你在教师节给老师送一束花，发一条祝福的短信，毕业之后也不忘师恩，永怀一颗感恩之心，那么你的路会比同龄人走得更远。

### 对朋友、同学

大学四年，身边有老师的指导和帮助，有长辈的呵护和关爱，还有同学朋友的关怀和理解。

在大学里结交的很多好朋友中，他们心里期盼的是你能上进，你能拥有更好的未来。记得2016年12月底的研究生入学考试，是小黎陪我去的。第一天的政治和英语发挥得很不错。他看到从考场走出来的我，彼此的那种默契无须言说。他对我说："坚持，把明天拿下来就成功了。"第二天上午考完数学时，我的心态彻底崩溃了，觉得还得再来一年吧。小黎帮我买好饭，看到我的泪水从脸颊滑落，深情地抱住了我，对我说："滚去吃饭，下午的专业课好好考，你一定没问题。"考研那段时间是大学四年中最难熬的时候，很多同学的动力都来自父母和老师的鼓励，我也一样。而且，我还有朋友陪在身边，他们陪我度过这段最难忘的时光。

为什么自己大学能结交这么多好朋友，感动之余，我也在思考。可能是这个世界从来不缺"聪明人"，反而是"傻人"在某些事情上更胜那些"聪明人"一筹。虽然做事情有很多省事、省力、省钱的技巧，但是与人交往没有什么技巧可言，唯有"将心比心"。我们要像对待自己一样对待朋友，将心比心，尤其是在大学。同学之间没有利益冲突，那一份友情实属缘分，就算日后回忆起来，也会让人感动很久。

## 2 成事者：不谋于众，不向困难妥协

俗话说："至德者不和于俗，成大功者不谋于众。""成大功者不谋于众"的意思是：要成就大事，不应该随便听从身边人的意见

或者建议。为何这样说呢？因为想成大事的人，其心中肯定有自己的想法。当想做一件事情时，如果你听取所有人的意见，你的思想就会动摇，你的决定就会受到影响。

秦孝公的商鞅变法就是这样的情景。当时秦孝公支持商鞅改革，秦国的大臣都不太支持。商鞅就对孝公讲了一番道理："对于一般人，事情开始的谋划，和他们谈不拢，只能成功之后和他们共同享乐。讲究崇高道德的人，不附和于俗人，建立大功大业的人，不必和普通人商议。要使国家强盛，旧的章法便要换一换。"

当时有个叫甘龙的大臣立即反对，他说："一点也不对，旧法度官吏熟悉，民众习惯，所以大家能够相安无事。"商鞅回答说："平庸的人安于现状，平常的读书人局限于自己的见闻，这两种人只能守着现在的摊子，实在不值得跟他们谈现实和他们知识范围之外的事。有智慧的人可以为国家制定新的法规，平庸的人只能坚守现存的局面；贤明的人能更改制度，无能的人只能拘泥于现状。"

商鞅的见解说出了成大功者不谋于众的道理，又符合实际，所以他在秦国的变法成功了。一般来说，有些人由于自身站位比普通人要高，有些事不和普通人商量，也是正常的。对于当事人来说，虽然成大功者不谋于众，但他本人一定是经过深思熟虑的。

从学生的角度来理解"成大功者不谋于众"，我们可以把它解释为：想要在大学取得成绩的同学，一定会有自己的计划和安排，每天在完成自己的目标，有自己的收获。相反，那些整天随波逐流，无所事事，跟着别人一起去网吧通宵、一起闲逛、一起喝酒的同学，大多是生活在大学"底层"的同学，他们是来"混大学"，而不是来“读大学”的。

室友喜欢追剧，你也跟大家一起看，最后大家期末考试都过了，你却挂科了；室友叫你去逛街你二话不说起来就走，结果原本这个星期可以完成的期末论文又被你拖到了下个星期；朋友叫你去打球，你磨不开面子，换上球衣跟大家尽情地从中午玩到晚上，结果辅导员交代你的班级工作已经被你抛于脑后了；选课时，你为了和大家选择一样的被称为“最好过的课”，却放弃了自己最感兴趣的选修课，浪费了大学的选修课机会。

是不是这种事情你从来都没有拒绝过？

这样的同学可能不在少数，他们就这样在集体生活中迷失了自己，浪费了人生中最宝贵的四年。在大学里，我们一定要培养自己的主见，学会独立思考，学会判断，不要人云亦云，随波逐流。我们还年轻，有“试错”的成本，自信一点又怎样？甚至“偏执”一点又如何？科比就是一个“偏执狂”，然而他却成了一个时代的印记。

作为NBA最伟大的球员之一，科比的“偏执”是出了名的！ESPN（娱乐与体育节目电视网）记者曾说过：“科比这样的偏执狂，到哪里都会成功！”从新秀赛季西部半决赛对阵爵士的最后一场比赛的四个“三不沾”开始，科比就开始了职业生涯的一次次偏执，他不断挑战并超越自己，铸就了光辉的篮球生涯。科比曾说：“24号的意义就是24小时，我希望把自己的所有精力都投入篮球当中，这就是我选择24号的原因。如果不能全身心认真投入，我就不是科比。24号是我的最佳诠释！”

勇敢尝试，不向困难妥协，是成大事的必要条件。所以，人要勇敢，甚至“偏执”一点也无妨，追梦的路上不可能永远有鲜花和掌声。走自己的路，让旁人议论去吧！

## 3 学会感恩：用心留住大学四年的感动

很多人都说大学四年是人生中最美好的四年，尤其是已经毕业的同学，美好的大学生活一直存在于他们的记忆中。所以，一定要好好珍惜自己四年的大学生活。

> 带着一颗感恩的心去生活，你会发现生活处处善待你！

大学生活是用来珍惜的，也是用来怀念的。走在大学校园里，我们要带着一颗感恩的心。感恩是一种积极的心态，可以帮助我们抛却生活中的烦恼，从而更好地生活。有句话说得好：“一切都是最好的安排。”我们要学会感恩自己遇到的一切，凭借自己的努力不断地改变身边不利的客观条件。

当走在美丽的大学校园时，我们应该珍惜此刻宝贵的青春时光，可以安心读书或是和同学们一起玩耍而不用为了生计发愁，不用为了家庭生活苦恼。我们要珍惜此时的大好青春，并懂得在最珍贵的四年里提高自己。

我们还要感恩生活了四年的大学校园。我曾经听到过好多同学抱怨他们所处的校园环境差，但是等真正毕业走出校园时，他们都会很不舍地跟学校说再见。

赵雷的《成都》曾经火遍大江南北。在这首歌发行后不久，我们学校的艺术团对《成都》的歌词进行改编，制作了一首学校版的《成都》。每次我们一起去唱歌时，都会刻意把《成都》唱成“学校版”的，歌词中的每一句都是我们对母校的感激之情。

在四年的大学生活里，我很是感激学校提供给我们的所有便利条件。我感激学校宽敞明亮的教室，感激学校干净美味的餐厅，感激学校热闹宽敞的运动场，感激学校安静舒适的图书馆，感激学校美丽怡人的花园和湖畔，真心地感激学校提供的一切。

大学四年，我还要感激身边的朋友。这些人包括和我在一起生活了四年的室友，和我一起上了四年课的同学，以及和我在一起打篮球的兄弟；还包括生病时帮我买药、打饭的同学，不开心时陪我们聊天解闷的朋友，以及开心时跟我一起分享快乐的知己。虽然大学里偶尔也会和这些至亲的人闹些小矛盾，但好像没过多久彼此之间的过节就会在一个玩笑中烟消云散，彼此之间不会留下隔阂，关系甚至比之前更紧密了。

大学四年，我们会给同学留下最真挚的友谊和最美好的回忆。一想到毕业后，彼此各奔东西，可能一辈子都不会再见了，心里泛起的就都是往日美好的感动。这一点我深有感触，因为那一天我自己也流下了难过的眼泪。

临近毕业，大四的学生都要离校了。那天是宿舍的一个同学要走了，他是我们宿舍第一个离开学校的。我们都在帮他收拾行李，不知道是谁很“应景”地放了一首歌——《祝你一路顺风》。

感恩是一种积极面对生活的心态。所谓“人生不如意事十之八九”，大学生活也是一样。相对于大起大落或是大喜大悲来说，大学四年更多的还是平平淡淡。所以，我们要学会感恩自己所处的环境，学会苦中作乐，带着一颗感恩的心面对生活。

生活不易，学会知足，学会感恩！

所谓生活，拆开来看不过是一个个微小而普通的幸福，我们要感恩遇到的那些让人欣喜的小温暖。

- 随手翻书，恰好是你要看的那一页（你是不是也像我一样经历过好多次）。
- 无意中听到的歌词好像就是为你而写的。
- 听到一首喜欢的歌，然后有人告诉你歌名（此时你会感到幸福感爆棚）。
- 燥热的时候，来了一阵微风。
- 踏实地睡了一晚后伸一个大大的懒腰（大学里每个周末都可以享受到）。
- 手机响了，对方正好是你想的那个人。
- 隔着很远就把垃圾准确地扔进桶里，之后做一个帅气的投篮动作。
- 看见两个老人手牵手在黄昏里散步，而此时你的身边也有一个陪伴的人。
- 手机只剩1%电量时迅速找到了充电器。
- 发车前三分钟跳上了火车。

# 4 靠谱：对一个大学生的最高评价

对一个大学生的最高评价只有两个字：靠谱。只是这两个字说起来简单，做起来难。大学里的聪明人太多，靠谱的人却很少。

我把大学生的靠谱归纳为三点，分别是做人靠谱、做事靠谱和学习靠谱。虽然学习是学生的天职，但做人是第一要务，然后要学会做事，接下来才是学习。

## 做人靠谱

随着年龄的增长，我越发觉得古语说得很有道理，“吾日三省吾身：为人谋而不忠乎？与朋友交而不信乎？传不习乎？”诚信是大学生必须具备的品质，这关乎我们的大学生涯乃至人生的轨迹。

诚信是大学生最应该具备的品质。谈到诚信，我脑子里首先想到的就是李嘉诚。我读过很多关于他的书，在了解了他的事迹之后才明白，李嘉诚之所以能取得辉煌的成就，就在于他懂得如何做人。

李嘉诚在创业初期资金极为有限。一次，一位外商希望大量订货，但外商提出需要富裕的厂商作保。李嘉诚努力跑了好几天，仍没有着落，但他并没有放弃开发新的产品。在通宵赶出了九款样品后，他拿着样品找到外商，一切据实以告：“我有能力做好产品，但是我的资金有限。”外商被他的真诚感动，不但在无担保的情况下跟他签约，还预付了货款。李嘉诚说："一个有信用的人比没有信用的人必然有更多的机会。当你建立了良好的信誉后，成功、利润便会随后而至。"

## 做事靠谱

有一句话是这样说的：一个人做事靠不靠谱，其实就看他是不是"做事有着落、有交代"。靠谱的人，不管做什么事情，必然会有条不紊，把事情一件一件都落在实处。所以，看一个人是否靠谱就要看他能否遵守承诺，办事是否有始有终、脚踏实地。

有一次，篮球队迎新需要借教室，身为队长的我便把这个"重任"交给了学弟晓武。于是，他便在纸上给我写了一份清单："教室位置有什么要求，是否需要距离宿舍近一点？大概什么时候用？申请的流程是什么？"我便一一道来。接着，他告诉我："9月28日（本周五）18:30—20:30，三十人的教室，可以吗？"之后我们又把细节确认了一遍。他说："我把表格填完了之后再和你说一声。"结果那个教室的申请没有成功，于是他又跑到另一个教学楼去借教室，在填好教室审批单后，他又到保卫处去盖章。经过反复"折腾"，他并没有烦，也没有诉苦，最终成功地把教室申请下来。那次迎新活动办得很成功，也在意料之中，因为所有出力的同学都像晓武一样"靠谱"！

> 和靠谱的人一起做事简直是一种享受！

经历过这件事之后，我有一个发自内心的感触："和靠谱的人一起做事简直是一种享受！”在这之后，当别人交代我事情之后，我也会学习晓武的态度——“做事有着落、有交代”，让别人放心，更让自己踏实。

### 学习靠谱

大学生归根结底还是学生，在大学的主要任务还是学习，需要在学业上过关。那么如何做到在学习上靠谱呢？第一，不能挂科。因为一旦挂科，你就会变得很被动，奖学金、评优、入党可能都跟你无缘了。在不挂科的前提下，我们还要尽全力去拿奖学金，这不仅仅是对我们学习成绩的肯定，更是假期回家给父母的交代。第二，大学学习不仅仅是对课程的学习，我们还要通过英语四、六级和其他一些等级考试，以此来证明我们在大学没有白白浪费时间。此外，科研项目、学术竞赛等都能帮助你提高“身价”，你要尽最大努力抓住这些机遇。

## 5 恶语伤人六月寒：管好自己的嘴巴

你是否有过这样的经历：因为你的一句话，你错失了一个机会；因为你的一句话，你伤了一个人的心，从而失去了一个朋友。

一句话百样说，却有不同的效果，同一个意思被不同的人表达出来也有不同的效果。我很推崇《增广贤文》里的一句话：“良言一句三冬暖，恶语伤人六月寒。”这句话告诉我们，说话前一定要动脑，要学会用“爱语”结善缘。很多时候，一句同情理解的话，就能给人很大安慰；而一句不合时宜的话，就会如一把利剑，刺伤脆弱的心灵。

说出去的话就像泼出去的水，是无法收回的。说话过脑是为了让我们在说之前顾及他人的感受，不让我们说的话伤人；说话过脑是为了让我们的表达更中听，让别人更容易接受。

我们要明白，平时的交流并不是校园里的辩论赛或者在模拟法庭上，我们不能把自己当成辩手或者律师而“置对方于死地”。相反，我们要学会给人留有余地，不把话说得太绝。

> 说话要过脑，要思考！

我是一个性格比较外向的人，乐于与人交往，也很有礼貌。对于身边的每个人，我都愿意去和他们打招呼，比如清扫宿舍楼道的大爷、宿舍管理员、教学楼值班的老师、收垃圾的大叔。我每次从外面回来或是从宿舍出去，都会热情地和宿管阿姨打招呼，久而久之就给宿管阿姨留下了好印象。所以，在我每次忘记带钥匙时，阿姨都会不辞辛苦地帮我开门。

写到这里，我想结合我自身的体会来分享几点与人交谈的技巧，让你在与人交往时能够事半功倍。

- 千万不要随意打断、纠正别人的谈话，让别人说完再发表自己的观点。
- 切忌背后说人坏话，世上没有不透风的墙。如果听到别人背后说人坏话，最好的处理方法就是“沉默+微笑”。

- 不管是初识的朋友还是熟悉的朋友，不要轻易许诺，做出承诺就要尽可能做到。
- 交谈之前，你的立场要客观、中立，你还要弄清楚对方的立场。
- 几点实用的交流技巧：把“听懂了吗”换成“我讲明白了吗”；把“谢谢”换成“谢谢你（您）”；把“你怎么又做错了”换成“这里是不是有什么不对”，等等。

除了交流，微笑的力量也不容小觑。对人友善，时刻保持微笑，都是全球的通行证，不分国界，无须翻译，永不过时。有一次我在学校的餐厅吃饭，遇到一位从美国来的交流生，我和他一边吃饭一边聊天。可能是我脸上的笑容打动了他吧，我们交流得很舒畅。

嘴上的话语和脸上的微笑都源于内心的幸福，内心的幸福源于对周围事物的感恩。微笑会带给别人快乐和幸福，也会使我们生活在幸福之中，帮助我们收获快乐的大学生活。

## 6 但行好事，莫问前程

在大四参加完研究生考试的那个寒假里，我看了一部纪录片《小平您好》，纪录片中的一段对话给我留下了深刻的印象。

孩子们曾经问他（邓小平）：“长征是怎么过来的？”他的回

答是三个字："跟着走！"孩子们又问他："在太行山里打日本鬼子的时候都做了些什么事？"他的回答是两个字："吃苦！"谈起他和刘伯承率领的第二野战军的历史，他的评价也是两个字："合格！"说起他第三次被打倒后的感受，他的回答还是两个字："忍耐！"

王石：人在最困难的时候，要看他由高峰跌到低谷的反弹力！

看完纪录片之后，一句"但行好事，莫问前程"便浮现在我的脑海里。我从邓小平传奇式的"三落三起"的特殊经历中学到：当受到打击、身处逆境的时候，要不屈不挠、沉着坚韧，踏踏实实地按照自己既定的目标走，没有任何困难和挫折能打倒"思想上始终屹立"的人。

《增广贤文》里说："但行好事，莫问前程。钝鸟先飞，大器晚成。"这句话的意思是说，要在当下多努力和付出，不要过分牵挂往后的发展，功夫下足了自然水到渠成，成功需要百倍的努力和足够的耐心。其实，在做任何事情的时候，都应该有一种追求卓越的态度和踏实认真的习惯，把手上的事情尽可能做到最好，然后相信天道酬勤、厚积薄发。

安东尼奥是意大利小提琴制作师，他在小提琴制作上一直这样严格要求自己："在作品没有达到人类技艺和努力所能达到的最高程度之前，店铺里生产的任何一件乐器都不可以对外出售。"对卓越的执着追求，使安东尼奥得到了这样的回报，他制作的琴至今依然是世界上品质很高的小提琴。

这股做事的认真劲值得所有人学习！

“但行好事，莫问前程”是基于刻苦努力的自信。这世上存在着一种很奇妙的现象：我们和别人付出了同样的努力，而别人却能获得比我们更持久的成功。除了外在因素，还有一个重要的原因，那就是思维差异。

到了大学，同学只可能有两种人，一种人自己安安静静、循规蹈矩地过好自己的生活，不犯大的错误；另一种人不怕犯错，勇于尝试，敢于开拓自己的新天地，在不断试错的过程中取得更大的进步。其中，第二类人有一个共同点，就是有着强大的自信心，而这种自信是超乎常人理解的，所以他们才能把大家认为近乎不可能的事变成现实。在四年的大学生活中，我身边也有很多这样的例子。

小栋是我们学院的一名同学，大一两个学期的成绩很是一般。自从上了大二，他好像变了一个人，每天早出晚归，直至大四。他在接连几个学期里都获得学校的一等奖学金，也因此获得了多项荣誉，最后更是考上了国内知名高校的研究生。后来，我们坐在一起聊天，他谈道：“上了大二，我暗下决心，别人能做到的事情我也一定能做到，而且会比别人做得更好。”听他说完，我终于解开了心中的疑惑：这种“不服气”成了他强大的心理支撑，鼓励着他放下思想包袱，勇往直前。

然而，我身边也存在反例。

小耿是我们专业的一名同学，他做任何事情都把“别想了，这不可能”挂在嘴边。结果，他就平平庸庸、碌碌无为地度过了四年的大学生活，没有犯什么错误，也没有什么大的作为。我为他感到遗憾：四年的时间，他明明可以勇敢地去尝试，可是每次都打退堂鼓，错过了很多唾手可得的机会。

四年的大学生活，免不了阻力和遭受质疑，但是我勇于挑战自己，并对大家的质疑说“不”。四年下来，我用实际行动反驳了那些曾经质疑我、劝我放弃的同学。四年里，我参加过省级的科研项目、英语演讲比赛、校运会5 000米田径比赛，还有各类大大小小竞赛，在获得荣誉的同时培养了自己自信乐观的品质。更重要的是，我敢于迎难而上，最终把困难打倒。

试问我们心里是不是也有这样一种“不服气”？还记得高中吗，你总是不服，为什么同桌数学能考满分，为什么别人的英语能考140分？而到了大学呢，你心里还有这种不服吗？你是否已经被安逸的生活磨平了棱角，是否始终待在舒适区不愿意走出来？

四年下来，我慢慢发现，在大学里取得优异成绩的那些同学，都有一个相同点：他们相信只要自己努力，事情总是可以解决的。他们也会犯错误，只是他们的字典里很少存在“不可能”。

上大学之前，我把毛主席的一首《七绝·改诗赠父亲》用钢笔认认真真地写在了一张书法纸上，贴在了家里的书柜上，也把这首诗记在了心里：“孩儿立志出乡关，学不成名誓不还。埋骨何须桑梓地，人生无处不青山。”

其实，我们没有明确的指标来衡量一个人的大学生活是否成功，因为每个人在“4×365”个日日夜夜里都会有或多或少的收获。但如果我们在大学的四年中清楚自己想要得到什么，要怎么做才能实现自己的目标，并且朝着自己的目标不懈努力，我们就一定会有所收获！

## 7 非宁静 无以致远

《大学》开篇就说："定而后能静，静而后能安，安而后能虑，虑而后能得。"可见从容镇定是冷静判断形势、正确处理事情的基础。《菜根谭》曰："遇事只一味镇定从容，虽纷若乱丝，终当就绪。"这句话的意思是：遇到事情只需镇定从容，即使事情纷繁复杂，如同一团乱丝，终究能理出头绪。只有态度镇定从容，保持冷静理智，我们才能看明白事实真相，条理清楚。如果心思烦乱，感情用事，那么即使是很简单的事情，我们也会处理不好。

在四年的大学生活中，你一定会有这样的感受：要么一两个星期闲得没事，要么事情都赶在一起，忙得焦头烂额。我深有体会。大二第一学期期末考试前的那段时间，是我四年大学生活中最忙乱的日子。后来我才发现，尽管在那段时间每天都焦头烂额，但我学会了很多处理事情的办法和技巧。两周的时间里，篮球比赛、科研项目立项、计算机等级考试和期末考试交织在一起。自认为精力充沛的我在那段时间也被搞得筋疲力尽。一个人的精力毕竟是有限的，在纷繁复杂的事情中，要么放弃一些不重要的事情，要么就别给自己揽那么多活，想要同时做好很多件事几乎是不可能的。

我记得当时自己利用了管理学中关于时间管理的"四象限法

则”，把所有的事情在纸上列出来，按照“紧急又重要、紧急但不重要、重要但不紧急、不紧急也不重要”四个象限把事情分类，沉着冷静地处理每一件事情。在其他事情都处理完毕后，只剩下期末考试了，我全力备考。

曾几何时，一首摇滚歌曲走进了大学校园，里面有一句歌词是这样的：慌慌张张、匆匆忙忙，为何生活总是这样？不卑不亢、不慌不忙，也许生活应该这样。

大一第二学期教“毛泽东思想和中国特色社会主义理论体系概论”的李老师在课上经常会讲一些中国的传统文化，她曾讲过：“急，不得；慢慢，来。”只有冷静下来，沉着应对事情，把心态放平和，我们才能顺利地解决事情。

我在大学参加过很多规模不等的篮球比赛，也观看过很多比赛。2016年5月20日的“校篮球联赛决赛”是我在大学四年里看过的最精彩的比赛。决赛双方是我们学校的两支传统强队：商学院和经济管理学院。比赛从一开始就很激烈，分差没有拉开到三分以上。第四节末的时候，商学院落后对方两分。这时商学院请求换人，换上了大四的队长，也是校篮球队的队长。他不仅球打得好，为人也非常随和，更重要的是，他的心态非常好。在商学院全队都为了追平比分而慌乱的时候，他鼓励大家，并有序地控制着全场。最后，在他的带领下，商学院打出了两个绝妙的传切配合，以一分险胜。我清楚地记得，那天他操着一口浓重的南方口音鼓励队友：“别着急，不是还有两分钟吗？不要慌，稳下来！”

大学四年，印象最深刻的一场篮球赛！

我清楚地记得这句话，回到寝室便把它写在了我的日记本上。后来，在准备考研的过程中，每当感觉焦躁、心里慌乱的时候，我就会想起这句话，然后那颗急躁的心就会逐渐平静下来。

> 静以修身，俭以养德；非淡泊无以明志，非宁静无以致远！

航天英雄杨利伟在航天飞行的整个过程中，心率始终在70次/分钟左右，真正地做到了“心如止水”。遇事慌乱只会引起焦躁，只有不慌不忙，井然有序，把心态放平和，才能解决问题。我们只有沉着冷静才能专注，只有专注才能在工作和生活中获得灵感。

古往今来，凡成大事者必有静气：越是遇到惊天动地的大事、险事，越能心静如水，处变不惊。何谓静气？“泰山崩于前而色不变，麋鹿兴于左而目不瞬。”通俗地讲，静气就是“能沉得住气”。一个人的静气从哪里来？它不是与生俱来的，而是通过不断的历练和积累来获得的。

雅尼是一位我很崇敬的音乐大师，在他创作的过程中，也有灵感枯竭的时候。但他认为：“创造力障碍完全是一种构想出来的东西，其实它并不存在。创作完全是一种心境，当你完全置身其中时，灵感根本不会枯竭。人们常犯的错误是误以为创造力遥不可及，其实它就来自内心深处。”

为了和内心深处的创造力接触，雅尼学着封闭外界，让自己的内心静下来。他说：“要让心静下来，你必须摆脱外界干扰，关掉电视和收音机，别去接电话，也别管门铃。对我而言，与外界隔离非常有益。过去，我要几个星期的时间才能进入创作状态，而如今，六个小时就足够了。”

雅尼认为灵感与地点无关，只在于自己能不能静下来。他说："你不必在高山之巅俯瞰风景，也无须在草地上久坐。说真的，我最钟情于黑暗。我有很多作品都是在地下室完成的。地下室没有窗户，很暗，也很静，灵感总能到来。"

王国维在《人间词话》里说：

古今之成大事业、大学问者，必须经过三种境界："昨夜西风凋碧树，独上高楼，望尽天涯路"，此第一境也；"衣带渐宽终不悔，为伊消得人憔悴"，此第二境也；"众里寻他千百度，蓦然回首，那人却在灯火阑珊处"，此第三境也。

不知道学弟学妹们正处在第几境当中，但不可否认的是没有"独上高楼，望尽天涯路"的寂寞和苦楚，便不会能达"蓦然回首，那人却在灯火阑珊处"的终极境界。我想此时的我们应该正处在第一境之中，因此我们要甘于寂寞，坐得住冷板凳，在学习中要沉得住气，并不断倾注自己的心血，这样才能"守得云开见月明"，最终到达成功的彼岸。

## 8 学会合作：单打独斗走不远

大学期间，我经常看NBA。从2015年看勇士之后，我发现科尔执教的勇士队是联盟里把分享球与传导球做得最好的球队，也是把团队篮球发挥到极致的球队。2017年和2018年两个赛季的常规赛、季后赛和总决赛，可以说没有其他球队能与勇士这个团队抗衡。在2017年总决赛的赛场上，骑士队过分依靠詹姆斯和欧文的个人能力的战术体系最终还是无法战胜勇士的团队篮球。

> 一个人跑，跑得快；
> 一群人跑，跑得远！

有句话说得好："一个人跑，跑得快；一群人跑，跑得远！"就像篮球场上的单打独斗永远战胜不了团队的配合。现在的很多书和文章都强调了合作的重要性。当今社会中很多事情并不能靠单打独斗完成，只有与人合作，才能在提高效率的同时把事情做得更好。比如：在篮球比赛中，五个人在进攻端和防守端是一个整体，一个人的失误就会给对手留下可乘之机；乐队中的每个人都很重要，只有每个人都把节拍掌握清楚，才能演奏出优美的歌曲；班委成员只有心往一处使，才能营造一个拥有凝聚力的集体。

在四年的大学生活中，我们经常需要与人合作来完成一些事情，比如，申请大学生创新训练项目，参加"挑战杯"科研竞赛，等等。参加过科研项目的同学清楚，科研项目的完成必须依靠一个有力的团队。因为从申请项目、项目中期检查、项目报账到结项都需要团队中的每个人贡献自己的力量。项目的整个过程会很烦琐，一个人孤军奋战是很困难的。

大学期间，我曾作为项目负责人成功申请过一个创新训练项目。每次在进行项目中的一个步骤之前，我们团队中的几个人都会聚在一起讨论、分工，最后分头行动，效果很是不错。

进入大学就相当于一只脚踏入社会，很多事情的完成不能只靠单打独斗，必须与他人合作。但合作也是讲究技巧的，合作的最高境界就是双赢或者多赢，这种合作才是最长久的。

李嘉诚有一段关于合作的言论很让我佩服，他说：与人合作，人品第一，态度第二，能力第三。与人合作之前要做好吃亏的准备，让对方多拿点利益，双方的合作才能长远。如果双方都想占便宜，就没有双赢的可能。算大账、不算小账，看长远、不计眼前，是长久合作最聪明的方法。我们只有求大同、存小异，小事随它去，大事不糊涂，看准双方共同的目标价值，才能把握大局。

我们要学会合作与分享，因为合作与分享能够帮助我们扩大格局，开拓心胸，帮助我们取得更大的成绩。以学习为例，不知道你在读高中时身边是否有这样的同学，他们的学习成绩很好，但从不会和其他同学分享经验，生怕别人知道他们的方法后超越他们。这样的同学格局太小了，他们活在自己的世界里敝帚自珍，无法感受到分享的快乐，而且他们的发展和进步也会被他们的自私限制。

相比之下，我觉得我读大学时所在的班级是一个很幸福的集体，班里的每个同学都懂得分享。每次假期回来，同学们都会尝到来自全国各地的特产，而且每次考试前，大家都会在班级群里分享老师讲的“重点”，生怕有同学挂科。生活在这样一个集体里，真的很幸福。

有句话说得好：“握紧拳头，你的手里是空的；伸开手掌，全世界都在你手里。”学会分享，把帮助别人当成一种习惯，这种“给予”才会在某一天变成一种“得到”！

分享是一种快乐！给予是一种得到！

# 9 先给自己定一个小目标，比如……

万达集团董事长王健林在做客鲁豫新节目谈及对创业者的建议时语出惊人："我先给自己定一个小目标，比方说我先挣他一个亿。"此后，相关视频被截屏，网友们纷纷表示"久久不能平静""土豪的世界我们不懂"。王健林表示："心和舞台是要逐渐放大的，很多学生一开始就说要当首富，却没有明确的计划。想做世界首富，这个奋斗方向是对的，但是最好先定一个能达到的小目标，看看能用几年实现它，达到以后再定下一个目标。"

王健林说得非常有道理，我们在做任何事之前都有必要给自己做一个系统的规划，再分阶段给自己定目标，一步一步脚踏实地地去完成。不要想一口吃个胖子，因为这根本不可能。

小强是我们专业的一个男生，在刚进入大学时，就立志要学好英语，还去书店购买了很多英语书。结果，他三天打鱼两天晒网，只坚持了一周便宣布计划破产。我很理解他想学好英语的迫切心情，但这只是终极目标，而他需要做的是确定好这个大目标下的二级目标，比如，会说一口流利的英语，能跟老外顺畅地交流。在这些二级目标下，他还需要确定更小的目标，比如，每周背诵一篇英语演讲，用一个学期的时间把一本《英语演讲》背诵完，等等。

管理学中有一个专业名词叫作“目标管理”，是由美国管理学大师彼得·德鲁克在其名著《管理实践》中最先提出来的。目标管理的核心概念是：“先有目标才能确定工作，所以企业的使命和任务必须先转化为目标。”企业如此，学生更应该如此。我们要学会给自己制定目标，更要学会分解目标，把大目标分解为一个个小目标，一步步地去实现它。

在日本东京（1984年）和意大利米兰（1987年）举办的国际马拉松邀请赛中，日本选手山田本一连续夺得冠军。记者请他谈经验，他说他是“用智慧战胜对手”的。十年后，他在自传中道出了自己的“智慧”。他说：“每次比赛前，我都要乘车把比赛的线路仔细地看一遍，并把沿途比较醒目的标志画下来。比如，第一个标志是银行，第二个标志是一棵大树，第三个标志是一座红房子，等等，这样一直画到赛程的终点。比赛开始后，我就奋力地向第一个目标冲去，等到达第一个目标后，我又以同样的速度向第二个目标冲去。四十多千米的赛程，就被我分解成这么几个小目标，被我逐渐完成了。”

大学四年就像一场“智慧马拉松”，只要把大目标进行分解，尽自己最大的努力去实现每一个小目标，每天都坚持，一个月后、半年后、一年后、四年后，你一定会为自己取得的成绩而骄傲。

大学四年的辅导员是我人生中的一位启蒙老师，在我迷茫的时候，他都曾给我指点迷津，帮助我拨云见日，走出阴霾。他告诉我：大学里有黄金屋，只要你刻苦努力，就会有意想不到的收获；但是路要一步一步地走，要学会给自己制订切实可行的计划，努力完成自己制定的每一个小目标。我谨记他的教诲，从大一上半年开始就踏踏实实地完成学业，以及利用课余时间提高自己，终于在连续获得一等奖学金之后又成功获得了国家奖学金。

临近毕业，我回过头看着自己走过的路，逐渐明白了人生没有一蹴而就的事情，很多大事都是由一件件小事堆积起来的，只有完成一个个小目标，才能完成看似“力所不能及”的大事。

先给自己定一个小目标，比如我先……

# 第 7 章
# 习惯和思维

获得持续性成功的最重要因素不是智商，也不是社交技巧，而是拥有良好的习惯。只有培养出良好的习惯，每个人才能从平凡走向卓越。

本章围绕高校大学生的日常学习和生活，提出了能够让你在大学四年乃至一生受益的习惯和思维。本章告诉我们：大学四年，正是养成良好习惯的关键时期，我们要从现在做起，从点滴做起，培养终身受益的好习惯。

# 1 早睡早起，规律作息

读完大学之后，再去回忆四年的大学生活，有很多幸福的片段定格在了我的脑海中，这种幸福来自内心的宁静与充实，比如：学习了一天之后，傍晚时分和同学一起打打球，缓解一下紧绷的神经；清淡的晚饭过后洗个澡，倒杯茶坐在宿舍听听音乐、读读书、练练字；按时休息，为第二天养精蓄锐。

> 平平淡淡才是真！

你有没有这样的感受：大学四年里，这种忙而充实的生活最幸福又最难得，幸福的是你能在这种充实的生活中收获内心的富足；难得的是这种平淡而又充实的生活极容易被破坏，比如其他同学叫你出去玩或者自己受到了外界的其他诱惑。

我很佩服那些在大学里能够做到早睡早起的同学，这些同学一般都很有定力，能够把握好自己的生活方向，能够坚持自己的目标不动摇。养成规律的作息有如下益处：

- 收获内心的宁静。每天早上起床之后到进入学习状态之前，是一段难得的清静时间。在这个时间段，一般没有人来打扰你，你可以好好利用这段时间来安排一天的任务，规划一天的学习生活。

- 调养身心。每天习惯早睡早起，养成规律作息之后，你会发现自己精力很充沛，不会因为作息不规律而感到疲惫。另外，规律的作息对身体是一种调养，能让我们的身体更健康，心态更愉悦。

> 大学四年，作息规律的同学绝对不简单！

- 培养自律。大学里能真正做到早睡早起并且养成规律作息的同学，肯定会有所收获，这些同学一般比其他同学更懂得坚持，更能吃苦。

进入大学，如果你每天坚持早起，那么你会发现原来清晨的校园是如此美丽，还会发现原来学校里有这么多勤奋的同学，你一定会为自己的努力而感动。

在大学四年里，大一给我留下了最深刻的印象。当身边的同学都在“瞎忙”的时候，我非常悠闲地体验着美好的大学生活。每天晚上十一点按时休息，第二天早上七点按时起床。我每天都在这样的充实中度过，学期结束才发现自己又获得了奖学金。当然，成绩和荣誉只能证明我曾经的努力和付出，然而更重要的是我在大学里的每一天都过得很充实——学习、运动、读书，心里总有一种满足感。

当你还蜷缩在被窝里的时候，你的室友已经去操场晨练，去迎接清晨的第一缕阳光；当你还沉溺在梦乡里的时候，你的闺密已经洗漱完毕，拿上英语单词去操场晨读；当你还犹豫八点起床是不是为时尚早的时候，你的同学已经吃完早饭，安静地坐在图书馆开始学习。就这样，你和别人的差距一点一点地被拉开了。

我们不要纠结为什么别人在大学毕业走出校园时能比你收获更多的荣誉和成绩，而应该问问自己，在别人刻苦努力时自己在做些什么。

我身边有很多这样的同学，他们晚上很晚甚至熬过了凌晨才休息，虽然第二天早上很想早起，结果一觉醒来发现已经到中午了。此时，别的同学都已经背着书包从图书馆学习回来了。结合我大学四年的感悟和适应人体机能的生物钟，我推荐一份适合大学生的作息表。

- 早上七点起床（有需要的话可以更早一点），洗漱之后可以去晨练或者晨读，之后吃个早饭，以清淡为主（很多大学生大学四年没吃过几次早饭，这是很不可取的）。
- 早上八点开始上午的学习。有课就去上课，没课就去图书馆或者教室学习。
- 上午十点停下来适当放松。还记得初中、高中时的“眼保健操”吗？这比玩手机、打游戏更能调节身心，听音乐也是不错的放松方式。
- 上午十点十五分继续投入学习。可以安排不同的学习科目，整个上午都学习同一个科目会产生疲劳感。
- 中午十二点吃午饭。吃完午饭不要马上躺下午休，可以散散步，到操场或者学校的花园里走一走。
- 下午一点午休。大学里的课程一般都是大课，时间比较长。

在上午的课程结束之后，如果你在午间不休息的话，那么下午会成为一种“煎熬”，让你一直都“不在状态”。

- 下午两点开始下午的学习。有课就去上课，没课继续去图书馆或者教室学习。下午可以学习英语、专业课或者需要背诵和记忆的科目。
- 下午四点做适量运动。每天都要抽出一点时间进行运动，下午四点左右是非常合适的时间。经过一天的学习，运动可以缓解你紧绷的神经，让紧张的你得到放松，而且出汗的感觉会让你感觉很爽。
- 傍晚六点吃晚饭、洗澡。晚饭可以吃得清淡一点，之后再洗个澡，洗掉一天的乏累和运动的汗水。此时，你会有一种清新爽朗的感觉。
- 晚上七点参加学生会和社团活动，或者读书、练字。学习了一天，晚上的时间更适合做一些提升自己的事情。我在读大学时，晚上就不再学习了，有时约好友聊聊天，或者自己读读书、练练字，毕竟大学里不只有学习一件事情。
- 晚上十点睡前静心。每天晚上睡前的时光是很宝贵的，这时候可以看看新闻、读读书、练练字、听听音乐、泡泡脚，让自己累了一天的心静下来。
- 晚上十一点准时休息。放下手机，放下手中的事情，不去理会身边的同学在干什么。你只需要静静地躺下来，思考自己一天的收获，安排第二天的任务，就会慢慢进入梦乡。

这个作息表非常适合在校大学生，如果你能够照此坚持四年，那么你一定会有所收获。

## 2 自律：一个会让人感到可怕的习惯

有人认为，人的成功有运气的成分在里面。没错，成功是需要运气的，但持续的成功需要的一定是优秀的习惯，而不是运气。古往今来，那些成功的人身上都有一个共同的习惯：自律。他们有明确的目标，每年、每月、每周、每天要做什么事以及要达成怎样的效果，都心中有数。

- 被演艺事业耽误的“体操运动员”：彭于晏。彭于晏并非专业的体操运动员，但是为了拍电影，他苦练了八个月。彭于晏每天进行很长时间的体操练习，以至奥运体操冠军陈一冰都忍不住为他点赞。然而，彭于晏在工作上达到的成就，并非“努力”二字就能诠释的，而是源于几十年如一日的自律。无论多忙，他每天都要抽出时间健身数小时，食欲更是被严格控制。他坦言，自己是易胖体质，为了节食，十多年不曾吃饱过，也几乎忘记了糖是什么滋味。
- “亚洲飞人”：苏炳添。2018 年 8 月 26 日，在雅加达亚运会男子 100 米决赛中，苏炳添以新的赛会纪录 9 秒 92 加冕“百米飞人”，取得亚运会冠军。这份荣耀的背后，是“飞人”的自律。他每天早上七点起床，晚上十一点睡觉，中午午休一小时，每天训练结束后写日记。训练时，仰卧起坐、蹲起都是100个，不多也不少。他从不抽烟、不喝酒，不吃任何不利于肌肉生长的食品。

- “八年不吃猪肉”：勒布朗·詹姆斯。NBA之所以成为国际篮球的基地，靠的是高标准的要求和严格的自律。詹姆斯为保持身体状况，长达八年不吃猪肉。因为猪肉是脂肪含量较高的肉类，猪肉摄入过多，会让运动员的体脂严重超标，增加受伤的概率。正是“八年如一日”的自律，才使得已经“高龄”的詹姆斯依然是很多球迷心中的“联盟第一人”。

很多成功的人深谙自律的重要性，他们坚信天道酬勤，厚积薄发。他们每天都在进步，以至离梦想越来越近。本杰明·富兰克林说：“我从未见过一个早起、勤奋、谨慎、诚实的人抱怨命运不好，一个拥有良好品格、优秀习惯、坚强意志的人是不会被所谓的命运击败的。”

小辉是我的高中同学，在北京某高校读大学。从入学开始，他就坚持每天早上七点起床，吃完早饭便去自习室学习，就连周末和假期也是如此。除了规律的作息以外，他学习也是非常努力的。我去他学校的自习室找他，从来没有看到过他在看手机，他都是在低头学习，这让我很是佩服。他在大学期间就在核心期刊上发表了学术论文，这是很多研究生都做不到的事情。大四的时候，他申请了去新加坡南洋理工大学深造并获得批准。

不难发现，在大学里取得突出成绩的同学身上都有一个共同点：自律。他们不会因为身边同学的影响轻易改变自己的计划，更不会因为生活中的诱惑和困难停住自己前进的脚步。

当然，你身边也不乏这样的同学：

- 身体肥胖的同学。明明知道自己“管不住嘴，迈不开腿”，却从未想过自己从晨跑开始改变现状。
- 熬夜的同学。每天都想早起，却埋怨天冷，从未想过如何做出合理的时间规划来改变浑浑噩噩的现状。
- 羡慕别人生活的同学。总把别人的成功归于好的家庭，好的爸妈。但事实是，他们只知道羡慕别人又美又瘦又有钱，却从来不做出改变。

不自律的人是欲望和情绪的奴隶，想想你是不是做了馋、懒、贪的奴隶？一个真正意识到自律可以改变命运的人，不会花大把的时间去抱怨、嫉妒、怨天尤人，而是直面现实，克制自己的欲望，吃这个年纪本该吃的苦。

从改变自己做起！

# 3 学会记账，学会理财

大学那四年，我们好像很有钱，爸妈的手机只有电话和短信的功能，而我们却一再坚持让他们给自己换最新的手机。大学那四年，我们好像很有钱，拉着姐妹在柜台前挑上半天的化妆品，还执意要买名牌。大学那四年，我们好像很有钱，非耐克、阿迪达斯不穿，嫌国产的安踏、李宁、特步不上档次，还嘲笑那些穿着朴素的同学。

身处象牙塔里的同学对所有的虚荣都心安理得，并没有什么不安。当我们懂得父母的艰辛并懂得自己的学费是父母每一滴汗水拼凑而成的时候，我们才能懂得那些平日里花钱大手大脚的同学有多么可笑和幼稚。

有些同学虽然零花钱不受限制，但每一笔都花得没有价值。其实那些在大学里省吃俭用、努力学习的同学，才是真正值得我们学习的。

这样的同学值得被尊敬！

大勇是我们专业的一名男生，从大一开始，就每天记录自己的花销，严格控制自己的开支。其实他的家庭条件比较富裕，可他却说：“我爸妈赚钱不容易，自己吃喝不愁就够了，多看点书才不辜负这四年！”我们俩不是很熟，但我知道他每个学期都拿奖学金。有次我去找他聊天，在经过他的允许后看了他的记账本。本子上的每一笔花销都记得很清楚，甚至一瓶水的花销都被记录在册。可他虽然严格要求自己，却对同学很大方，不会计较“一针一线”。

我很佩服大勇，因为他在大学就已经“懂事”了：他知道体恤父母，更知道自己在大学的第一要务是读书学习。大学四年，每个同学都应该学会记账，它能帮助我们养成节俭的习惯。当然，节俭并不是抠门，而是一种理性消费。

李嘉诚是中国香港乃至世界顶级富豪，但他对自己的衣食住行并不讲究——一套西装可以穿十年，坏了的皮鞋补一补接着穿。被誉为中国台湾“经营之神”的台塑集团创始人王永庆个人资产多达430亿元，但他吃的很简单，最爱吃家常的卤肉饭，而每天早上跑步穿的运动鞋一般要穿上好几年。

我们总能发现这些亿万富豪对自己很节俭，但在谈判项目或者做慈善时却总是出手大方。正是这种“对人大方，对己节俭”的品质成就了这些富豪，而这些富豪又懂得把钱用在刀刃上，于是便形成了一种良性循环，财富的积累在他们手中就像滚雪球一样。

存钱的方式有两种：开源和节流。大学四年正是我们刻苦读书的时候，我们可能暂时不能通过赚钱来养家糊口、孝敬父母；但我们可以“节流”，当无法“开源”的时候，“节流”就是一种储蓄。所以，我们要学会在大学四年里控制自己的开销。

## 4 管理时间：四年，每天都很重要

大学四年是一生中最宝贵的时间，我们绝不能浪费，也浪费不起。在四年的大学生活中，每个人对于时间的利用各不相同，取得的成绩和收获也各不相同。留心观察身边的同学，你会发现那些优秀的同学大都懂得珍惜和利用时间。他们晚上在宿舍泡脚时会随手拿起英语单词书翻看；他们在娱乐时不会忘记还有哪些该考的证书没有考；他们在餐厅吃饭时不会忘记晚上约了同学一起研究申请的科研项目。相反，那些碌碌无为甚至还挂科的同学大都不太珍惜时间，不是整天跑去球场打球，就是窝在宿舍打游戏。就这样，人生的差距在大学就慢慢地拉开了。

人和人的差距就是这样拉开的！

“习惯决定性格，性格决定命运”。如果我们在大学养成了珍惜时间的习惯，我们就会在成功路上向前迈进一大步。哈佛大学有一个著名的理论：人的差别在于业余时间，一个人的命运决定于晚上八点到晚上十点之间。如果每晚抽出两个小时用来阅读、进修、思考，或者参加有意义的演讲、讨论，那么你会发现，你的人生会慢慢发生改变。在你坚持数年之后，成功会向你招手。这个理论正说明了所谓的“弯道超车”：在别人休息或是停滞不前的时候，你在默默地努力着，最终将比别人先到达成功的山顶。

我很赞同我的辅导员说过的一句话：“今天你若刻苦努力，明天必定会收获成功；今天你若欠了历史的账，明天一定要还的。”人生有两种，一种是先甜后苦，另一种是先苦后甜。每个人都有自己的选择。我们正处在本该吃苦的年纪，应该多吃苦，多努力，珍惜生命中的每一分钟，为以后的幸福人生打下基础。大学四年的每一天都很重要，我们要学会管理时间，提高自己。关于如何更好地利用时间，我在这里给出几点建议。

- 学会利用节假日。趁着大家回家或者出去玩的时候，你刚好可以利用这段时间读书学习，实现“弯道超车”。
- 学会利用“边角料”时间。要学会去挤“海绵里的水”，把碎片化的时间拼凑起来，实现化零为整。
- 提高单位时间的“产出”。比如，一个小时内比其他同学记住更多的单词，一个上午比其他同学复习更多的数学题。

大一上学期某个周六的上午，我和宿舍的老四去图书馆复习微积分，我们俩坐在一张桌子的相邻座位上。一个上午，我复习了一章的内容并完成了配套的练习题。离开的时候，我看老四的书只翻了三页。我们俩边走边聊，我劝他下次来图书馆时别带手机，因为他要么玩手机，要么发呆，学习的黄金时间就这样被浪费掉了。

能考上大学的同学都不是“傻子”，智商都很正常，那么为什么别人能完成的事情你却完成不了？很可能是因为单位时间的“产出”不高。提高时间的利用率，需要你排除干扰因素，比如，你在学习时可以把手机静音，不看小说，不听音乐，全身心地投入到学习中。

- “今日事今日毕。”这是一个“老生常谈”的话题。在校大学生普遍存在严重的“拖延症”，今天的事不做，非要拖到明天。其实，这种拖延耗掉的时间和精力足以将今天的事情做好。你要学会逼迫自己当天的事情当天完成，决不拖到第二天，不让自己陷入“拖延”的恶性循环之中。

- 设置完成期限。大学四年，有时你会发现，“你有多少时间来完成作业，完成作业所用的时间就会自动变成那么多”。比如，周四上午老师布置了结课论文，说要期末交，有的同学当天晚上就完成了，有的同学则会等到截止日期的前一天再动笔。我们要学会给自己设置完成任务的期限，要尽可能提前完成任务。
- 随时“记事”。你可以买一个小本子专门用于记事。记得我在读大学时，光是记事本就用掉了十个。你可以在记事本上把自己需要完成的每一件事都记下来，清楚手头上有哪些事情需要完成。另外，最好要学会把事情和任务分类，同一个时间段能一起完成的就一起做完，这样能提高做事的效率。

记事本：大概每学期就用掉一个！

## 5 随时记录生活中的灵感

我写本书的灵感源于大学时班级里的一次团日活动。当时我拿着已经写好的团日总结去打印，到了打印店才知道原来可以把它装订成册。当时我就在想，为什么不把自己的大学生活记录下来呢？我可以把自己的大学生活写成一本书，以后回忆起来也会别有一番滋味。从打印

这就是这本书的灵感来源！

店回去之后，我就把这个想法记在了本子上，并将自己的想法付诸行动。

正是因为我当时抓住了头脑中一闪而过的灵感，才有了现在的这本书。试想，如果当时我想想就算了的话，我的大学生活可能就会留下难以弥补的遗憾。

迪士尼原创动画电影《疯狂动物城》全球票房突破十亿美元，这部电影给我留下了非常深刻的印象。我把这部电影看了不下十遍，每看一次都有新的感悟。第一次看这部电影时，我就被它深深地吸引了。从影院回到学校的当晚，我躺在床上久久不能入睡。辗转反侧之后，我终究还是坐起来打开台灯，在我的本子上写了整整三页的感悟。这么棒的一部电影，我忍不住探寻它创作灵感的来源。

> 《疯狂动物城》：推荐给你！

原来，这部影片的创作灵感源于导演的一次非洲之旅。导演在非洲注意到一个非常有趣的现象：他竟然看到狮子到水池边和斑马肩并肩喝水，它们本来应该是天敌的。这很像人类社会，很多群体之间矛盾重重，但他们必须学会共存，这就是导演构思这部电影的起点。有了这个灵感之后，导演还远赴世界各地亲自考察长达十八个月的时间。大到电影中动物城雨林区和沙漠区的规划，小到每个动物行走的速度、身形的大小甚至毛发的数量，都是经过精心考察和雕琢的。就这样，一部迪士尼影片创造了动画电影的票房新高。

生活中处处都有灵感的来源。很多人让这些能成就一番事业的灵感溜走，所以他们碌碌无为；但有些人能够抓住头脑中一闪而过的灵感，将这些灵感付诸行动，所以他们能够成就一番事业。

澳门“赌王”何鸿燊就懂得随时记录生活中的灵感。睡觉时，他会在身边放一个本子，一旦脑子里涌现了灵感，他会记录下来，然后继续睡觉。所以“一生不赌”的赌王能够占据澳门博彩业的半壁江山。

随时记录生活中的灵感是一个值得年轻人学习的习惯。当然，灵感并不是随时都会迸发出来的，我们要学会在生活中多多留心。在与人交往、外出旅行时，在观察自然现象甚至处理日常琐事时，我们都有可能获得灵感。在获得灵感之后，我们要及时记录下来并付诸行动，这样灵感才有可能变成现实。

## 6 睡前自省十分钟

大学四年是最令人怀念的四年，大学时光也是最疯狂的时光。尤其是临近期末考试、英语四（六）级考试的时候，以及考研结束或者临近毕业的时候，很多同学都会“黑白颠倒”地生活。大学四年，很多同学都属于“夜猫子”——晚上不睡觉，早上不起床，这是很多同学大学生活的真实写照。

大学四年的生活，大多都是很平淡的。在平淡的日子里，我们要养成规律的作息，按时休息，按时起床，按照自己的规划完成每一件事情。

睡前的时间是很重要的。我记得高中的时候，很多同学都会在睡前背背单词，读读政治。到了大学，很多同学在睡前都是拿着手机度过的。我们宿舍也不例外，晚上关了灯，六张床位上都闪着亮度不等的光。可能到了零点时分，宿舍才会彻底“关灯”。其实，睡前最应该做的事就是静心。在睡前半个小时把手机放下，也把白天未完成的任务放下，多做一些对身心有益的事情，比如泡泡脚、读读书、练练字、听听轻音乐或者静坐。

这一定是在校大学生的真实写照！

我们宿舍的老三有个非常好的习惯，就是在睡前泡脚，一边泡脚一边读书。他说，每天泡脚的时间是一天里最舒服的，泡脚不仅能去除一天的劳累，还能让心静下来。后来有一段时间，每天晚上睡前，我们宿舍地板上就会摆起六个洗脚盆，大家一边泡脚一边聊天，现在想想真的是很有意思。

睡前十分钟，把任何事情都放下，躺在床上，把自己一天经历过的事情思考一遍：今天读了什么书；学习上有什么收获；有什么不好的习惯应该改正；今天又结识了哪一个朋友，是否还能叫上他的名字；顺便制订第二天的计划，想一想明天该怎么度过；把自己的一天像电影一样从早到晚过一遍，找出自己的不足，迎接更美好的明天。就这样，你会在思考的过程中进入梦乡，晚上的睡眠质量会很高。

睡前请把手机放下！

享受睡前的宁静，你会在某一天爱上大学生活。你会发现，其他同学的生活慌慌张张、匆匆忙忙，你却能有条不紊地度过每一天，享受着美好的大学时光。

# 7 不找任何借口

在四年的学习生活中，我在与人交往的过程中发现了一个现象：优秀的同学都有一个共同的优点，那就是从来不找借口；而那些碌碌无为的同学每天都在找各种各样的借口，殊不知这些借口就是成功路上的拦路虎。

> 优秀的学生有一个共性：不找借口！

西点军校在其二百多年的历史中培养了众多的军事人才，还为美国培养和造就了众多的政治家、企业家、教育家和科学家。两位美国总统是从这所学校走出来的。西点军校有一条重要的军规就是“没有任何借口”。

我很崇敬军人的那种自律和坚持，那种“服从命令、不找借口”的习惯和作风。有句话说得好：“只为成功找方法，不为失败找借口。”其实，所谓的“伟人”并不一定智商超群，但他们都有一个共同点：不找借口。如果我们能够养成良好的习惯，不找借口，只找方法，不抱怨而自省，那么我们也能在自己所从事的领域收获成功的果实。

不找借口，看似没有后路可退，看似缺乏人情味，但是它却可以激发人的最大潜能；不找借口，意味着你比别人多了一份成功的机会，意味着你可以全力以赴地做事，没有私心杂念；不找借口，生活中的你便比别人多了思考的时间，利用这些时间，你可以改正过去的错误，熟悉你的工作，设想你的未来。

大学四年里，我发现“找借口”这个习惯似乎是与生俱来的。我们都知道借口不能帮助我们解决问题，但是每个人似乎都尝试着在遇到困难或者失败之后拿借口当挡箭牌。当我改掉了这种习惯之后，我发现自己原来可以做得更好。如果你善于寻找借口，那么试着将找借口的创造力用于寻找解决问题的方法上，也许情形会大为不同。

从现在开始，我们不要为任何问题寻找借口，与其成为一个人见人烦的“借口专家”，还不如成为一个人见人敬的能人。成功属于那些不找借口的人！

## 8 永远把对手想象得比自己强大

马云说：“永远把对手想象得比自己强大，哪怕对手非常弱小，你也要把他想得非常强大。”把对手想象得强大就会激励你不断超越自己，最终走向成功。如果不把对手放在心上，存在着“轻敌”思想，就会磨灭自己的斗志，我们终将为此付出代价。

大学里，很多同学在玩了一个学期之后，又不得不“从头”开始复习，你可能也是其中一分子。有时，你投入到紧张的复习中，不想浪费一分一秒，因为你始终认为同学们都在拼命努力地复习。就这样，你奋力苦读，等到出成绩时，你的成绩竟然好得出乎你的意料，甚至平时学习认真的同学都没你考得好。

相反，如果你不在意这次考试（距离考试还有一周，依旧沉迷在游戏娱乐当中，认为我没复习大家肯定也都没有复习），那么等到上了考场，看到周围的同学都在奋笔疾书时，你会目瞪口呆。就这样，人家顺利地考过了所有课程，而你却忙着准备下学期的补考。

你是不是也有类似的感受？

大一时，我代表学院参加校运会5 000米长跑比赛。在训练的过程中，每次看到那些参加5 000米长跑比赛的熟悉面孔在操场上训练，我都会很紧张。当然，我也具备一定的实力，紧张只是给自己的一种动力。我把对手想象得比自己强大，从而不断鞭策自己，超越自己。直到比赛结束后我才发现，我的对手远远没有我想象中那么强大，自己最终很轻松地战胜了他们。如果我们存在轻敌思想，不把对手放在心上，我们就不能取得令自己满意的成绩。

“永远把对手想象得比自己强大”是一种思维习惯，是一种积极的心理暗示。但是，不要给自己施加太大的压力，否则会适得其反。“永远把对手想象得比自己强大”是一种“永远保持虚心”的处世态度。骄傲自负的人常常把自己想象得不可一世，但实际上，这样的人避免不了失败的命运，因为一骄傲，他们就会失去为人处世的准绳，在骄傲里毁灭自己。

我们要让谦虚成为自己的一种习惯，成为我们在大学必须培养的一种素质。一个真正谦虚的人即使在成功的时候，也知道必须感谢很多人，包

低调、谦虚不代表没有实力！

括他的对手。天外有天，人外有人，强中自有强中手。无论你在大学多么优秀，多么成功，你一定可以找到比你更优秀、更成功的同学。你可把这些更优秀、更成功的同学当成你的对手，也可把他们当作朋友，同时设法超越他们并迈向更高的台阶。

## 9 培养“人脉”意识

顶级富豪都有一个共同的习惯，就是不停息地编织人际关系网，因为人脉同样是生产力，更是快乐的源泉。

戴尔·卡内基说过：“一个人事业的成功只有15%取决于他的专业技能，另外的85%要依靠人际关系和处世技巧。”

李嘉诚曾说过：“二十岁到三十岁时，靠专业和体力赚钱；三十岁到四十岁时，则靠朋友、关系赚钱；四十岁到五十岁时，靠钱赚钱。”

一个人要成功，就要善于不断开拓并积累自己的人脉。人脉有多宽，事业就会有多大，发展空间就会有多广。有的人想通过自己的努力获得成功，结果单打独斗多年还是一事无成；成功人士用心经营自己的人际关系网，用人脉铺就自己的成功之路。真正的成功人士，都很善于拓展并经营自己的人际关系网，依靠自己的人际关系取得成功。

大一时，隔壁宿舍的小伟去兼职做销售，主要给健身房发广告，以及搜集潜在客户的信息。有一天，老板对他们几个兼职的同学说："如果你们有谁能每一天去结识一些人，搜集他们的名片，并保持良好的交流，有朝一日他就会成为老板。"当时他们还不明白其中的奥妙。老板又说："有太多的人在收到别人的名片后，没过几天就丢掉了，殊不知，这些人往往是能给你带来成功机会或是将来能对你有所帮助的人。"

思维决定格局！

其实，进入大学就相当于进入了社会，所以人脉资源对于我们的成长发展非常重要。你可以根据自己的需要，将你的朋友按照与你的关系划分成不同的"圈子"，比如老师圈、亲属圈、同学圈、球友圈等；也可以根据你的学习生活来划分，比如学习圈、生活圈、运动圈、娱乐圈等。如果你在不同的圈子都能交几个要好的朋友，那么不管你遇到什么困难，要办什么事情，都能得到不同圈子里的朋友的帮助。另外，你还能享受朋友给你带来的快乐和感动。

在四年的大学生活中，我结交了很多好朋友。我发现交朋友就是在编织自己的人际关系网，也许你会在某个时间被某件事难倒，而这个时候恰好会有某个朋友能帮助你渡过这一关。

有件事我记得很清楚。大三上学期，我们班的晓楠把学生证丢了，补办必须登报挂失。她就想去报社登记挂失，但她自己联系不到报社，于是她在班级微信群里寻求帮助。恰好我有个朋友在校学生会，他每周二都会去报社领报纸，与报社联系密切，很快就帮晓楠解决了问题。

大学临近毕业时，我们几个班委组织班级毕业聚餐。聚餐定在晚上举行，当天下午需要跑很多地方做准备。我们几个都在为这事发愁。这时，我想起来和我很要好的小磊，他是开车来上学的。我随即给他打了电话。他开车带着我们东奔西跑，直到把需要的物品购置齐全。

人脉对个人的发展具有很大作用，我在四年的大学生活中对此已经深有体会。但是，有句话说“物以类聚，人以群分”，要想把一群优秀的人吸引到你的周围，前提是你自己足够优秀。

大学四年里，你要培养“人脉”意识，更要学会提高自己，努力让自己变得更好，否则你的社交质量也不会太高。不得不承认，有些社交是无用的。在还没有足够强大、足够优秀的时候，你先别花太多宝贵的时间去开展社交，而应该多花点时间读读书，提升自己。当具备一定实力之后，你自然会拥有自己的成就。

## 10 世事洞明皆“学问”：学习从来都不只是在课堂上

谈到学习，家长可能会把它单纯地理解成学习书本上的知识，他们会认为，大学期间的学习就是好好学习课堂上的知识。其实，学习不局限于此，学习是一个过程，是一种态度，更是一种生活方式，是我们一辈子都要做的事。

到了大学，如果我们纯粹为了获取文凭或者获得书本上的知识而学习，那么我们很可能会与那些最值得学习的东西失之交臂，比如那些足以受益终身的思想、方法、经验以及学习乐趣。所以，不能将学习局限于学校规定的课程，不能将学习限制在课堂上，不要只是为了所谓的“好工作、高收入、好名声”而学习，而要有“大学习观”，通过各方面的学习来提升自己的价值。

在学习中感悟！在生活中感悟！

记得在大三的第二个学期，在期末考试还剩最后一场的时候，我已经复习得筋疲力尽了，就到学校后面的花园走了走。周围的小树枝繁叶茂，唯独我面前的一棵小树打着“吊瓶”，树干都已经干枯了。我静静地望着它，不禁陷入了沉思：“自己不深扎根以汲取土地里的营养，靠外界的帮助往往无济于事。人也是一样，自己不努力，别人想拉你一把都难。”

我喜欢留心观察生活中的点点滴滴，并从中获得感悟。当今世界正在发生着日新月异的变化，而我们身处安逸的象牙塔里，并不能了解社会发生的变化，以至走出校门进入社会后，无法很好地与社会接轨，无法很好地把所学的专业知识应用到我们的实际工作中。当今社会的快速发展以及新的科学技术的应用要求我们拥有“活到老，学到老”的观念，要求我们在课堂之外汲取自己成长所需要的“营养”。只有这样，我们才能在当今社会充分挖掘自己的潜力，发挥自己的优势，否则我们必将被这个社会淘汰。

正所谓“思路决定出路”，之所以要抓住课堂之外的学习机会，不断接触新事物，不断尝试新方法，是因为在不断学习的过程中，我们会逐渐发现自己的兴趣，找到自己的长处，找到适合我们生存和发展的行业。

我身边的好多同学在刚进入大学时并不知道如何规划自己的大学四年，也没找到将来的工作方向。当然也有一部分同学在迷茫中不断奋力前行，不断学习和积累，最后找到了通向成功的道路。大学里，谁都会迷茫，难能可贵的是在迷茫中没有停止脚步，而是通过不断学习来充实自己，不停地完善自己以等待机会的到来。

进入大学后，我开始读李嘉诚的传记。李嘉诚晚上睡觉前一定要看半个小时的新书，以了解前沿的思想理论和科学技术。据他自己说，除了小说，文、史、哲、科技、经济方面的书他都读，这是他几十年来保持下来的一个习惯。他说："年轻时我表面很谦虚，其实内心很骄傲。当同事出去玩的时候，我在求学问，他们每天保持原状，而我自己的学问却在日渐增长。"很少有人能像李嘉诚一样养成"终身学习"的习惯，所以很少有人能像他一样取得卓越的成就。

在大学四年的生活中，我把时间都用在了给自己"充电"上，或是去图书馆读书，或是去运动场强身健体，并没有将宝贵的青春浪费在不值得的事情上。我在读书的过程中发现，在学习上投入的时间和个人取得的收入及成就是成正比的。所以，如果你想拥有更高的生活质量，并且准备给你的下一代创造更加优越的成长环境，你就必须拥有终身学习的观念。

大学相对于初中和高中来说是比较轻松的，我们可以利用课余的零散时间适当放松。对于整块时间，我们就应该让它发挥更好的价值，比如周末或者平时晚上的时间。

在这里，我建议在校的大学生每天学一点课堂之外的“本领”。如今社会高速发展，对人才的要求越来越高，“复合型人才”越来越为社会所需要。我们要学会利用四年的宝贵时间尽可能从更多的方面提高自己，所谓“技多不压身”！至于该学什么，我结合自己四年的大学生活给学弟学妹提出以下建议。

### 学好英语真的很重要

大学里，我们一定要学好英语，这不仅是为了通过等级考试，更是为了以后能更好地参加工作。学习英语不能急功近利，最好每天都学一点，包括听、说、读、写四个方面。早上可以早一点起床，去操场、花园或者湖边读一两篇美文或是精彩演讲，并尝试背诵。午休前或者晚上休息之前用看单词、看美剧、听英语演讲或英文歌代替玩手机。每天坚持一点，四年下来，你的英语水平会比身边的其他同学高出一大截。

### 练字：“字如其人”很有道理

大学四年里，我们一定要提高自己的书写能力。书写能力包括两个方面：书写逻辑性和笔体的美观性。你首先要做到的是把字写漂亮。所谓“字如其人”，看到一手漂亮的字的确能让人赏心悦目，从而对笔者心存好感（期末试卷的分数上一定会有体现）。

上了大学之后，我发现班里男生的字写得都不怎么样，一笔一画都很有“个性”。我们班的小黄一直在坚持练字，受他的影响，我从大二便开始练字。到了大四临近毕业的时候，我的字已经练得颇有效果了。

大学里会有很多同学坚持练字，可能其中也包括你。如果你能坚持下来，就一定会在大学毕业的时候看到自己的进步。至于选择什么笔体，我个人建议选择比较美观和规矩的楷书或者行书。我选的是田英章的楷书，两年的时间一直在练习他的楷书，卓有成效。当然，行书也是很美观的。选择哪种笔体，这完全取决于你自己的选择。不过，在做出决定之后，你就要心无旁骛地坚持下去。

> 在没见到本人的时候，你的字就是你的脸！

## 每天学点管理学

不要误以为管理学的知识只有管理学相关专业的同学才需要学，其实每个人都应该掌握一些管理学的常识，包括情绪管理、时间管理、金钱管理等。管理学的知识存在于日常生活的方方面面，处理很多问题都需要用到管理学。在四年的大学生活中，你一定要抽出时间来读一读与管理学相关的书，进一步提高自己。

## 每天学点心理学

心理学能够帮助我们深刻地洞察社会，更能帮助我们实现自我成长。大学四年里，你一定要抽出时间学点心理学。你可以去图书馆翻看相关的书，也可以关注相关的微信公众号。学习知识有时候不一定要在意形式，有实实在在的收获才是最重要的。

# 第 8 章
# 考研和就业

毕业和就业是每一个大学生到了大四不得不面对的现实问题。有的同学通过大学四年的努力考上了研究生或者公务员，有的顺利拿到了国外高校的offer，有的找到了自己心仪的工作。有的同学浑浑噩噩地度过了大学四年，到了毕业时连最后的“救命稻草”也没有抓住，只能感叹：“人和人的差距怎么这么大呢？”

本章围绕就业选择和毕业准备，从考研、留学深造、考公务员、就业、创业等方面为你详细解读毕业时会遇到的种种问题。

# 1 大四：为前途拼了

读大学前，想象中的大学是白色的，心目中的象牙塔是那般纯净、安逸和自由。

读大一时，生活是红色的。你能清楚地记得第一次见到知名教授时的激动，第一次参加考试时的紧张。

读大二时，生活是绿色的。图书馆里的你在认真地学习，运动场上的你散发着青春的活力，你觉得你离梦想越来越近。

读大三时，生活是粉色的。刚谈的对象和你如胶似漆，对你的关心无微不至，你觉得大学生活如此美妙，以为这就是爱情应有的样子。

读大四时，生活是灰色的。身边的同学都忙忙碌碌，你不得不面对即将到来的毕业、就业，对未来一片茫然。

每所大学都不乏这样的同学，"大一不努力，大四徒伤悲"。看着身边考研的同学拿到了研究生录取通知书，考公务员的进入面试环节，找工作的拿到了offer，而自己却不知该何去何从。

大四时，同届同学小然来找我聊天。我们俩聊了一整晚，我看到了他心中的无奈。他在大三的时候刚完成了重修，心想着终于可以放松一段时间了，不承想马上就面临毕业找工作了，很可能面临“毕业即失业”的窘境。那天晚上，我们俩仔细梳理了各种招聘和考试的信息，分析就业形势，给彼此提出了中肯的建议。毕业时，他终于拿到了一份让自己满意的offer。他说：“我就把大学毕业当作我人生的起点吧，重新来过，努力工作。”

千万不要到了大四才知道大学时光有多宝贵！当然，嘴上说起来容易，行动起来却很难。很多同学都是到了大四才如梦初醒：再不抓住大四这根“救命稻草”就彻底没法上岸了，再不拼就真的没机会了。

当然，拼也要讲“技巧”！总有“盲目”的同学，认为自己是“铁人”，可以同时把多件事情都做好。他们每天忙来忙去，到最后往往没有收获。大学四年的经历告诉我：做事情不能眉毛胡子一把抓，而要有主有次，分清轻重缓急。

瞄准一个，下足功夫！

小东是我们“兄弟班”的班长，到了大四，我们一起准备考研。他同时准备考银行、找工作，结果什么也没抓住。考研落榜之后，他便开始准备考选调生，篮球赛、同学聚餐他都置之不理，因为他知道再不抓住这个最后的机会就彻底“废了”。于是，他整整坚持了三个月，以笔试成绩第二名进入了面试环节，最终成功被录取。

很多同学到了大四会同时准备考研究生、考银行和考公务员，然而这些同学远没有专心准备一种考试的同学成功的概率大。这是我身边同学“血”的教训，希望能对各位读者有所启发和帮助。

如果你没有把握好大学前期的时光，那么到了大四的时候，你千万要记住：大四并非意味着“不可能”，只要方法得当，加倍努力，一切皆有可能。当然，我不希望这个“如果”发生在你身上。从进入大学便“从一而终”地努力，到了大四准备考研或者就业时，你一定会体验到一种发自内心的“从容和淡定”！

## 2 择业：把就业和兴趣相结合

> 如果家里没矿，自己就争口气吧！

很多高校都有这种极端的同学：这些同学对自己的事情极不上心，甚至连自己能不能正常毕业都不放在心上，大学四年一直停留在“轻松潇洒”的生活状态中。这些同学往往会面临“毕业即失业”的窘境。但大多数同学都会为自己的前途考虑，毕业之前找到合适的工作，给大学四年交上一份满意的答卷。有些家长可能会给孩子安排工作，他们要求孩子在大学顺利地完成学业即可。如果你属于这种情况，那么你和其他同学相比已经少了自己找工作的烦恼，可以在新的起点上继续努力，锻炼自己的能力，创造属于自己的成绩。

小原是我同届的同学，他本科学的是人力资源管理，家里有自己的企业。大学毕业之后，他放弃了自己找的工作，准备回家继承家业。后来在我们俩聊天时，他说："我不排斥家里给安排的工作，虽然家里给我打下了基础，但我会用自己的努力创造更大的成就。"

家里给安排好工作的同学毕竟是少数，大多数同学需要自己找工作。在做出选择之前，我们需要慎重思考，要听取家人和老师的意见，最重要的是，要问问自己内心的想法。俗话说得好："男怕入错行，女怕嫁错郎。"其实，男女都怕入错行，面对自己不喜欢的工作和事情，你会发现每分每秒你都在苦苦煎熬。在做出择业选择时，一定要考虑自己的兴趣和特长，把工作和兴趣结合起来，这样你会发现每天的工作充满了快乐。相反，如果每天面对的工作是自己不感兴趣的，那么你每天会过得很痛苦。

你可以和已经毕业的学长学姐聊聊，借鉴他们的经验和经历帮助自己做选择。比如：可以跟考上研究生的学长学姐聊一聊，提前了解他们的考研历程和研究生的生活状态；可以问一问考上公务员的学长学姐，看看他们的路是怎么走的，他们的工作内容你是否适应；可以向进入企业参加工作的学长学姐询问求职经验，提前了解企业里不同岗位的工作内容和工作压力；等等。

综合各方面意见之后，我们需要留出一到两天的时间，离开宿舍到图书馆或者教室，找个安静的地方坐下来，规划自己未来的三到五年。不要给自己安排任何任务，只要问问自己："我到底想要什么？我是

> 选择比努力更重要！

想继续学习深造还是参加工作？”做出了选择之后，你就不要再左顾右盼，而要坚定自己的目标，一门心思地去做准备。

进入大四后，我身边的很多同学都有自己的规划和选择。比如：有些文静的女生选择了文职工作；有些外向的男生热衷于销售类的岗位；有些想走学术这条路的同学选择考研，继续学习深造；有些立志于从政的同学选择报考公务员；有些立志要开拓一片天地的同学则着手准备自主创业。

大学毕业之后，可选择的道路分为四种：学术研究、从商、从政、当明星。大部分同学都是在前三种之间徘徊，我们看到的光鲜艳丽的明星毕竟是极少数。不管你做出的选择是什么，要懂得把从事的工作和自己的兴趣结合起来，这样才能在工作的过程中收获快乐并成就自己。

## 3 考研：又一个“高三”

到了大四，很多同学会选择考研，当然他们的理由也各不相同。我身边有很多同学选择了考研，理由大多是想逃避就业的压力。这些同学还没有做好进入社会的准备，已经习惯了象牙塔里安逸的生活。而有的同学是为了丰富自己的学识，向往更高的平台，这类同学有自己的追求，想达到更高的平台。

我们班的学习委员妍妍是一位学霸，以她的在校成绩和实习经历，找到一份不错的工作绰绰有余。可她的目标很明确："我考研究生，并不是为了逃避工作，我想往更高的平台跨越。"

我们专业的小明是因为看到大家都在考研，于是盲目跟风，结果考完数学就放弃了。这一类人大多属于考研路上的"炮灰"，因为考研这条路根本就不是他们内心的选择。他们只是头脑一热，看到大家都在考研，自己也就走上了这条路。

并非所有人都适合考研。有些同学把大一、大二的课程学得很扎实，而且能静下心来学习。这一类同学不管从性格还是大学四年的基础来看，都比其他同学更适合考研。而有些同学自从上了大学，自始至终都没有把心静下来，连补考都没通过，就更不用谈考研了。所以，如果你确定要考研，你就把心静下来，踏踏实实地去准备。

> 在一定程度上，考研是一场信息资源争夺战！

考研被称为"第二次高考"不无道理，其准备时间之长、考试压力之大丝毫不亚于高考。值得注意的是，考研的复习资料需要自己根据报考院校和报考专业来准备，而不像高中那样，有老师引领方向，给你准备复习资料和试卷。

我身边有些同学从大二就开始准备考研，其实大可不必准备得这么早，除非你报考的是北大、清华、人大等国内顶尖院校。如果你把复习时间拉得过长，那么你会错过精彩的大学生活。而且，如果你准备得太早的话，那么到了后期你很容易出现疲劳、松懈的现象，以至冲刺阶段已经精疲力竭，往往得不偿失。

虽然很多人在考研的过程中放弃了，但你也别把考研想象得太可怕，其实这个过程也是蛮有意思的。每天踏踏实实地学习会让你觉得自从上了大学之后从来没有这样努力过，而且在备考的过程中，你会结识很多志同道合的“研友”。

大三第二学期开学（当年三月）是准备考研的最佳时机。到了三月，大家都开始紧张起来。大部分人确定下来要考研并且为之精心准备，一种“上战场”的氛围油然而生。而且，到了大三第二学期，学校安排的课程已经很少了，学生们有整块时间来投入到考研复习中。

有的同学可能事情比较少，在完成学校的课程后有较多的课余时间，所以很早就开始准备考研了。这样，他们就会比其他同学具有先发优势。但不要骄傲，越到后期你越会发现，前期的复习对考研没有太大的影响（这是事实）。

有的同学由于学生工作或者个人原因，一拖再拖，到六月底都还没有正式准备。如果是这样的话，你就需要认真地规划一番了。不要想着别人早就开始复习了，自己现在才开始是不是来不及了。当真正静下心来复习的时候，你就会发现自己完全可以凭借努力超越别人。

到了五月，应该确定报考院校和专业了。翻看记事本时发现，我是在当年的五月八日正式确定报考院校和专业的。早点确定报考院校和专业，你就会有更多的主动权，也预留了调换学校和专业的时间。

怎么挑选学校和专业是个大问题，因为这决定了我们一年的努力究竟是值得还是白费。我本科学的是工商管理，对应的研究生专业为企业管理，但是我报考的是经济学，因为我对经济学比较感兴趣。我觉得把管理思维和经济思维结合起来对自己以后的发展更加有益。

考研所报考的专业不一定是本专业，我们可以根据自己的兴趣和专业成绩来选择报考的专业。选择报考院校时，要考虑自己将来想在哪个城市发展，要听取家人的建议，否则在研究生阶段积累的资源对我们以后的发展会大打折扣。

写到这里，我非常想对那些对自己的学习成绩和应试能力有客观认知、又想上研究生、最后选择报考本校的同学说一句："你真的很明智！"考本校的研究生有三点优势。

考本校的研究生实在是明智之举！

- 在复习资料的准备上，你可以向专业课老师和考上本校研究生的学长学姐请教，进而获取最准确、"最正宗"的专业课资料。
- 在复习的过程中，如果出现偏差，那么你可以随时请教老师和学长学姐，让他们帮助你调整复习方向，从而实现最有效率的学习，做到事半功倍。
- 最重要的一点，等你进入复试就会明白了。进入复试后，你会发现考官都是给你讲过课的老师，那种亲切感和熟悉感会让你信心大增，因此你在复试中能够正常发挥，甚至超常发挥。

如果你坚定了走考研之路，你就要注意在复习基础课的同时不要忽略了专业课。到了五月，你就该准备专业课课本以及参考书了，可以向学长学姐借或者到网上购买，还可以亲自到目标院校了解情况，顺便了解一下自己报考的学校和专业。

在专业课复习资料齐全之后，你就要像学习数学和英语那样每天留给专业课一定的时间。一般情况下，专业课的考试内容比较基础，但是很广泛，所以你首先要做的就是把专业课课本从头到尾读两遍，有了整体认知后再做系统复习。

考研是一个循序渐进的“工程”，你要分阶段进行复习。一般情况下，考研可以被分成以下几个阶段：三月至六月，这个阶段需要打牢基础；七月至八月的暑假时间用来巩固强化，这段时间很重要，千万不能放松（尽量留在学校复习）；九月至十月是查缺补漏期，在此期间还要报名和现场确认；十一月至十二月是最后的冲刺阶段，需要调节好心态，准备好考试用品，以最充分的准备参加考试。

被第一志愿录取的同学固然非常幸运，没达到国家线的同学该找找自己的原因；还有一类是最尴尬的，那就是准备调剂的同学。记得考研辅导班的王老师说过：“不管你是被第一志愿录取还是选择调剂，你要始终相信，你做的永远是你能力范围内最好的选择！”

我身边有很多同学因为没达到第一志愿的复试分数线或者参加了复试却没被第一志愿录取而选择调剂，但他们终究还是实现了读研的梦想。而且，到了研究生阶段，你就会发现“是金子在哪儿都会发光”！

虽然琪琪读研的学校在内蒙古，但她通过自己的努力连续获得了研究生学业一等奖学金、国家奖学金，还在核心期刊上发表了学术论文。

虽然小超没能被第一志愿录取，选择了调剂，但他在读研期间努力学习，准备以考博来弥补自己曾经的遗憾。

最后，我还想说的是，在准备考研的过程中，你可能会遇到各种各样的问题，这很可能会分散你的精力，打击你的信心。但其他同学可能会遇到更大的困难，只是你不知道而已。大家都在向前奔跑，千万别掉队！坚持下去，你总会看到胜利的曙光。

考研就像很多人蒙着眼睛赛跑，你不知道其他人的速度，你能做的就是尽自己最大的努力跑向终点。当到达终点揭下眼罩时，你很可能发现自己已是第一名。

## 4 漂洋过海去留学

> 出国留学是对自己和家庭的双重考验！

谈到留学，很多同学认为那是家里有钱、绩点高、英语好的同学才考虑的事情。

不得不说，出国留学作为大学生的一项选择，对学生的家庭条件和个人能力是有一定要求的。虽然现在的经济水平在不断提高，但并不是每个家庭都能支付得起昂贵的留学费用，而且出国留学并不是所有学生想去就能去的，它对学习成绩和英语水平也是有一定要求的。想出国深造的同学一定要想清楚以下几个问题。

首先，家里经济条件能否支持自己出国。一般来说，公费留学的机会很少，就算学校里有公费留学的项目，竞争也相当激烈，申报的同学一般都是学院里的“大神”。学习成绩普通和平时表现一般的同学恐怕只能选择自费留学。自费留学的费用一般都很高，尤其是去发达国家。如果家里没有一定的经济基础，那么这条路是行不通的。

其次，问问自己出国留学的目的是什么。越来越多的大学生想出国留学，但他们内心深处并不知道自己出国到底是为了什么。可能是因为男（女）朋友出国深造，自己不顾一切也要陪着；可能是因为家里经济条件允许，在父母的劝说下选择了出国；也可能是为了将来在回国找工作的时候能贴上个“海归”的标签。我们应该问问自己出国留学的目的是什么，如果只是为了文凭，那么同样可以选择报考国内的研究生。如果国外的学校在学科和专业上有更丰富的学习资源和更高的科研平台，让你心驰神往，那么这样的初衷是值得称赞的。

学习成绩是硬道理！

最后，绩点和英语是否达到出国的要求。出国留学并非易事，不是想去就能去的，它对大学生的绩点和英语有着严格的要求。国外很多学校对学生在本科求学阶段的绩点有明确的要求，所以出国这条路对于成绩一般或者有挂科的同学来说是有难度的。此外，英语也是个门槛，雅思、托福、GRE（美国研究生入学考试）等辅导班的学费就是一笔不小的费用，而且想要通过这些考试并且获得高分更需要付出很大的努力。

大学四年里，我身边有很多同学有过出国的经历，他们出国的方式各有不同。不得不说，出国的经历确实能帮助我们开阔视野。如果学校有这样的机会，而且家庭条件允许的话，那么我建议你最好出国看看。一般来说，本科阶段主要有以下几种出国的方式。

### 中外合作办学（联合培养）

国内很多学校都和国外的大学开展合作办学（或者叫联合培养），双方学校互派学生，课程互相承认，学分可以兑换。如果你所在的学校也有这样的项目，那么你可以向老师了解一下。

我们学院的人力资源管理专业有一个班是和美国伊利诺伊州的一所大学合作办学的，学生到了大四可以选择去美国读一年，而且在美国读完大四可以申请国外的研究生继续深造。小克就是这个班的学生，他到大四的时候就去了美国交换学习，到了大四毕业时，他已经申请了美国的研究生并顺利拿到了offer。

### 短期访学项目

有的学校和国外的大学有合作项目，可以互派学生进行访学或者研修。一般来说，这种项目是学校选派优秀的学生到国外大学进行一周到一年（时间不等）的学习，学生在国外修得的学分也被国内学校承认。这种项目一般只接收特定专业或者成绩和表现特别优异的同学，能参加这种项目的同学都很出色。

小孟是我的高中同学，在高考结束后去了国内某985院校读德语专业。他们学院和德国奥格斯堡大学有交换项目，他在读大学期间就去了奥格斯堡大学学习了一个学期。据说，这个项目是专门针对特定专业的，而且不需要学生自费，目的是联合培养国际化人才。

### 个人申请

个人申请是最普遍的一种出国深造的方式，这种方式对学生的学习成绩要求比较高。本科阶段成绩优异的同学到了大四，可以尝试申请国外大学的研究生。如果你在大学四年成绩拔尖，有相关的科研经历，甚至发表过不错的论文，并且通过雅思（或托福、GRE等）考试，那么你可以考虑申请国外大学的研究生。

小芳是我们学院的一名学生。大学四年里，她的成绩排在专业前几名，绩点很高，而且她还做过省级的科研项目。到了大四，她便申请了韩国某大学的研究生，大学毕业之后顺利去了韩国深造。她说，韩国研究生学制是两年，以后她还可以在那边申请读博。

自己想进步才是最重要的驱动力！

现在国内的经济水平提高了，很多家庭都支持孩子出国深造，有些家长更是不管孩子的成绩和能力如何，执意要把孩子往国外的学校送，只是为了他们口中的“镀层金回来好找工作”！其实，并不是所有的留学生都很牛。毕竟从国外留学回国找不到工作，并且在家里继续啃老的“海龟”大有人在！

小晖是我的大学同学，他的哥哥在北京读完大学之后就去了美国深造。等我们到了大四的时候，他的哥哥已经从国外回来一年多了，并且还没有找到称心如意的工作，每天待在家里吃喝不愁，处于“待业”状态。

想出国深造的同学要结合自己的专业和自身情况，问问自己：出国留学这条路是不是真的能帮助自己提高能力，让自己有更好的发展？虽然现在交通很便利，申请出国留学也很方便，但我们不应该盲目地选择出国留学。

如果家里支持你出国，你也有出国深造的条件和能力，你就去外面的世界看一看，也许对你来说“外面的世界很精彩”！一个人“出门”在外，难免会遇到种种不适和困难，我在此给出一些建议，希望可以帮助你更好地适应国外的生活，让你有所成长和进步。

第一，培养自己的适应能力。出国不同于离开家去其他省市上大学，走出国门意味着你将接触到不同的人种、不同的语言、不同的饮食，甚至不同的信仰。你首先要学会适应国外的生活模式，先保证自己能够正常地生活，然后才能安心学习。

不管身处何处，安全始终是第一位！

第二，要明白出国是为了学习，而不是去玩。很多同学到了国外便忘记他们出国的初衷，结果一门心思地去“游山玩水”。

第三，学习先进的思维理念，“取其精华”。国外的大学，尤其是发达国家的大学，学术资源很丰富，师资力量也很雄厚，可能在课堂上你就会遇到某位在国际上享誉盛名的泰斗。在这样的环境中成长，不进步也难！不得不承认，国外的思维理念和学术成果有的是很先进的，出国学习的同学要懂得学习这些对自己有帮助的思维理念，学会利用先进的资源让自己有所进步。

第四，培养自己的“全球视野”和“国际格局”。我在读《邓小平传》时发现，邓小平在法国的那段岁月和经历帮助他塑造了国际观。在担任国家领导人的年代，他强调：“世界不能忽视中国，中国也不能自绝于国际社会；如果中国不向世界学习，就不能得到快速的发展。”所有出国留学的同学都应该向邓小平学习：在国外学习的过程中不断培养自己的“全球视野”和“国际格局”，学会站在全球化和国际化的立场去思考和分析问题，培养自己的“国际观”，这样才能让自己真正有所收获！

## 5 考公务员：学而优是否则“仕”

刚进入大学时，很少有同学对大学生活进行清楚的规划，也不知道将何去何从。到了大三、大四时，看到身边的同学考研或是考公务员，有的同学便盲目地做出不合自身实际的选择，我身边就有很多这样的同学。

小华和我是同届的同学。他在大学的学习成绩一般，看到身边很多同学都选择了考研，也准备考研。可是，当看到有些同学准备考公务员的时候，他又购买了公务员的备考资料，最后毕业时“竹篮打水一场空”。从进入大学开始，我们就应该学会长远思考，为自己毕业之后做打算，仔细谋划自己的出路。

很多同学会在大四的时候考公务员，他们认为“学而优则仕”，觉得公务员是“铁饭碗”，在政府机关工作很有面子。

公务员拥有稳定的收入和生活，有良好的保障，虽然收入不是最高，但其福利还是不错的，有一定的社会地位、相应的权限和荣誉感。但是，公务员工作枯燥，升职总与考试、考核挂钩，有些机关甚至人际关系复杂，钩心斗角。另外，公务员的收入虽然稳定，但没有大幅提高的可能，相对于企业来说可能低得多。

你以为公务员那么好考吗?

公务员是比较安逸的职业，但有时也会加班到很晚。总的来说，考公务员是一种不错的选择。想考公务员的同学最好从进入大学开始养成看新闻、关注时事的习惯，平时多看些文学类、法律类、时政类的书（对申论写作会有很大的帮助）。到了大三第二学期就该正式备考了，购买复习资料和历年真题。至于是不是需要报个辅导班，因人而异。我身边很多成功考上公务员的同学都没报辅导班，但辅导班可能会让备考更有针对性，可能会让你少走一些弯路。

最后，关于公务员的备考过程，我可以给出一些建议。从大三下学期开始正式备考，应该做三件事。

- 随时关注招聘信息和报名信息。不管是考公务员，还是考研、找工作等，都是一场信息资源争夺战——在备考的过程中，信息是非常重要的。所以，我们要随时关注官网、微博、微信公众号等方面的信息，还要和同学进行交流，保证自己在正确的方向上复习。
- 以历年真题为纲进行复习。除了正确的复习方向，复习的质量和效率也很重要。在复习的过程中，我们要仔细研究历年真题，找出真题的规律和重点，从而进行针对性的复习。
- 关注当年的时事政治。公务员考试时政性很强，这一点不同于考研和其他考试。你一定要多关注国家发生的大事，党和国家召开的重要会议，以及重要事件和活动的周年，并思考这些会以怎样的形式出现在试卷上。只有备考时做好准备，你在考场上才能应对自如。

> 想考银行的同学看过来！

除了考公务员以外，很多经济管理专业的同学，尤其是经济、金融、会计、管理、统计等专业的同学，会把考银行作为他们的就业选择。如果你学的恰好是这些专业之一，那么接下来你可要留心了，因为我将分享一些考银行的建议。

很多同学在考银行的时候，就只关注了五大银行（五家大型国有银行）——中国银行、中国农业银行、中国工商银行、中国建设银行、交通银行。很多同学认为五大银行平台高、待遇好、机会多、业务广泛，所以挤破头往里钻，从而导致考五大银行的竞争比较激烈，考试的难度系数比较高。其实，除了考五大银行，还有很多其他的选择。

### 中国人民银行（央行）

大约在每年的十一月，央行会在官网上发布招聘信息，主要招聘经济、金融、会计、法律、计算机、管理、统计、英语等专业的学生。整体而言，央行的考试难度相对较大。

### 股份制商业银行

我国现有十二家全国性股份制商业银行：招商银行、浦发银行、中信银行、中国光大银行、华夏银行、中国民生银行、广发银行、兴业银行、平安银行、浙商银行、恒丰银行、渤海银行。股份制银行的待遇也很优越，相对五大很行而言，股份制商业银行更看重业绩和能力。

### 政策性银行

政策性银行包括国家开发银行、中国进出口银行、中国农业发展银行三大银行，均直属国务院领导。三家政策性银行通常会在每年十月底至十一月中旬在官网发布招聘公告。

### 地方性商业银行

地方性商业银行主要是指城市商业银行、农村信用合作社、城市信用合作社。

# 6 企业offer：终于等到你

除了考研、出国留学、考公务员之外，很多同学会选择进入企业工作，比如央企、国企、私企、外企等，企业是大多数毕业生就业的选择。大学毕业生只要具备一定的技能，在岗位上做好本职工作，为公司创造价值，就能在企业中找到自己的立足之地。这对于想要实现自己价值的人来说尤为适合。一般来说，企业的工资要比政府部门高一些，但是工作压力也相对较大。

很多企业会在高校组织专场宣讲会和双选会，还会通过网络渠道来招聘企业需要的人才。不管你现在读大几，都可以去现场转转，看看哪些企业招聘的岗位对应你所学的专业，以及你喜欢的企业对求职者有哪些要求。

企业有不同的种类，当然福利待遇也各不相同。

首先是央企和国企。央企和国企都是具有政府背景的企业，央企一般归国资委直接管理，国企则归各级政府管理。在央企和国企工作的员工，都有稳定的收入和良好的福利保障。小琦是我的高中同学，他的姑姑在国企工作。读高中时，我们经常在一起聊天。得知他姑姑的工作待遇很不错时，我们好生羡慕。一般来说，央企和国企的门槛比较高，相对来说不容易进入，而且有的央企和国企论资排辈，人际关系比较复杂。刚进入央企和国企的年轻人要想出人头地，需要做好长期奋斗的准备。

其次是私企。高校毕业生很大一部分都会进入私企工作。在一般情况下，私企的门槛比较低，比较注重工作业绩，有利于刚刚入职的年轻人充分发挥能力。另外，私企的工作自由度大，升职、积累经验相对更快，想跳槽也容易。

按劳分配！

小宁是我的初中同学，大学所学的专业是平面设计，毕业之后去了北京的一家传媒公司做“本行”，成了“北漂一族”。他说：“虽然现在月薪过万元，但是经常加班，工作压力很大，每天都有做不完的活。”

私企也有三六九等之分，规模较大的私企不仅能给你提供更高的平台，也能让员工接受更规范的培训及享受更多的福利。这些公司包括现阶段作为时代主流的B（百度）、A（阿里巴巴）、T（腾讯），还有J（京东）。

晓檬是我们专业的同学，大学毕业之后，她去了国内某知名私企做运营。大学同学聚会时，她说：“虽然有时候工作比较累，但是公司经常组织活动和派对，福利待遇也不错。”

当然，在私企工作也有不尽如人意的一面，比如有的公司竞争相对激烈，工作环境不稳定，失业可能性

成年人的世界里没有“容易”二字！

大；有的公司制度不合理，员工一旦吃亏也只能忍着。刚毕业的学生缺乏经验，很容易被第一份工作定型，让错误的观念限制自己的发展。所以，我们可以和参加工作的前辈多聊聊，在清楚认知的基础上再做出适合自己的选择。

最后是外企。我身边也有一些同学进入了外企工作。外企一般薪酬较高、福利好、工作环境好。有些外企有系统的企业文化和管理制度，非常注重员工发展。

晓英是我们学校外国语学院的一个学姐，毕业之后就职于一家外企。她说："我工作两年多了，我得到了很大的提高，经常和美国的同事一起策划方案，自己的沟通能力和英语水平也得到了提高，而且公司的福利待遇和工作环境也不错。只是有时工作量很大，需要我经常熬夜加班。"

虽然外企的高薪是很多毕业生追求的目标，但外企里竞争激烈，工作量比较大，加班可能是家常便饭，而且外企对外语水平（听、说、读、写）有很高要求。有些同学会选择先进入外企学习先进的技术和管理经验，然后再跳槽或者自己创业。

## 7 创业：是理智还是激情

有一次，李嘉诚在深圳演讲时谈道："很多人都抱怨穷，抱怨想做生意又找不到资金。殊不知，你自己就是一座金山，只是你不敢承认。想想别人在困难的时候是怎么坚挺过来的，是怎么克服困难、突破自己、改变命运的，你只是没看到罢了！”

这番话说得非常精辟。李嘉诚作为现代儒商的典范，把儒家的情义与西方的进取精神很好地结合在一起，外圆内方，刚柔并济，游刃有余。他成功的经验和他白手起家的经历很适合我们研究和学习。

给老板做事和给自己做事的感觉是不同的，动力来源不同决定了所取得的成就也不同。从政治经济学的角度来讲，在社会主义初级阶段，资本家利用廉价劳动力获取剩余价值的经济规律不会发生根本改变。

进入大学后，很多同学都有过创业的梦想，但是只有一小部分同学付诸行动，而获得成功的同学则更少。其实，创业远没有想象的那么简单，尤其是在大学刚毕业时，我们没有资金，没有人脉，更没有经验。在当今这个急剧变化的信息时代，想创业成功，想成为让大家敬仰的对象，更是难上加难。

《双城记》中的一句话很有道理：“这是一个最好的时代，这也是一个最坏的时代。”其实，每个成功的企业家都面临过艰苦卓绝的创业环境，那么为什么他们成功了呢？

大学四年里，我身边不乏创业的同学，他们当中有我很敬佩的人，不仅是因为他们获得了成功，更是因为他们身上具有创业者的特质，值得我们学习和借鉴。

> 大学四年不妨尝试一次“创业”，检验自己适不适合做生意。

记得大一时，学校的快递接收点很少，同学们取快递要排很长的队伍。同学们经常讨论的话题是，如果我们在学校多办两个快递接收点，那么我们一定会成功。虽然大家一直在讨论，但大都没有放在心上，只当作笑料罢了。后来有一次，我在校报上看到创业成功的学长学姐的事迹，其中有一位大四的学长在学校办了一个快递接收点，一年赚了几十万元。这让我明白，每个人都能从现实生活中获得灵感，发现商机，只是有心的人会用自己的实际行动把灵感付诸行动，并不断克服困难，最后取得成功。

小松是我们学院的学生会主席。大四的同学由于实习、工作、回家、毕业等原因需要把行李寄回家，他发现了这个商机，便和另外两个同学在食堂附近创办了一个快递服务点。他们租了一个电动三轮车，专门帮同学邮寄行李。大四的第二学期，他们开始了自己的“生意”。小松在学校里认识的同学比较多，通过名片、传单、QQ群、微信群、微信朋友圈等方式做了充分的宣传，所以他们的生意刚开张，就陆续有同学来找他们邮寄行李。到了毕业季，他们的生意很火，我还骑着电动三轮车帮他们送过货呢！后来我们在一起聊天，他说：“做了一个学期的生意，没想到咱们学校的快递网点真的很赚钱，有种想一直做下去的冲动！”

大学毕业后，部分同学会选择利用国家政策的支持创业，但创业成功最关键的因素在于创业者自身。想创业的同学要清楚自己是否具有创业者的特质。没有经验，可以慢慢积累；没有人脉，也可以慢慢积攒；没有资金，可以四处筹借或者利用贷款。但如果没有创业者的特质，无法承受比常人更多的责任和压力，无法付出比常人更多的辛苦，那么最好还是不要选择创业。

菲尔·奈特是一位执拗的创业者，他靠1 000美元缔造了价值千亿美元的体育王国，被誉为商界的传奇领袖。可以说，他的成功并非偶然。他说："懦夫从不启程，弱者死于路中，只剩我们前行。"1962年，时年二十四岁的菲尔·奈特在斯坦福大学毕业后并没有找一份稳定的工作，这个热衷于跑步的年轻人在剧烈运动的同时，思想上也在自我挣扎。可以说在斯坦福大学的经历改变了奈特的人生，更为准确地说，是一堂课改变了奈特的人生。

在那堂课上，老师布置了这样一项作业：设想一家小公司，描述其目标，并制订一份营销计划。奈特的论文题目是："日本运动鞋公司可以像日本相机挑战德国相机那样挑战德国运动鞋吗？"他在文章中设想，利用当时日本的廉价劳动力来生产高质量的运动鞋，有望打败占据市场主导地位的德国运动鞋。当时，很多体育品牌都有一个共同的目标：打败阿迪达斯。奈特后来回忆说："那堂课是一个关键。在完成那篇论文之后，我就对自己说'这才是我真正想做的事情'。"他曾说："敢于冒险，别让你的才能掩埋在这片平庸的土地上。"就像耐克脍炙人口的广告"Just Do It"（想做就做）。创业，是为了把更好的自己展现给世界，同时也是为了让这个世界变得更好。

正如中国的一句古语所说："塞翁失马，焉知非福。"菲尔·奈特并没有满足于找一份安逸的工作，才有了后来改变世界的传奇——耐克。同样不满足于现状的还有柳井正，他是拥有著名品牌"优衣库"的日本迅销有限公司的主席兼首席执行官。

《柳井正全传》中谈道，从小便被父亲教育“无论做什么事，都要做到第一名”的柳井正就是一个不安于现状的人。他的父亲原本做的是西装生意，当接过父亲的事业之后，他却大胆地尝试概念完全不同的休闲装经营。而且他觉得小规模经营就像戴着脚镣跳舞，终究散发不出巅峰的光彩。所以，他便着手准备休闲装连锁经营，这就是“优衣库”的由来。

## 8 毕业在即，从此踏上新征程

最后一堂课，是和老师告别；最后一场考试，是和学业告别；毕业论文答辩，是和学生生涯告别；毕业聚餐结束，意味着要告别朋友、告别同窗、告别已经习惯的大学生活。

每年到了毕业季，学校周围的饭馆总是人满为患，同学们、朋友们互相举杯，一杯敬大学四年结下的深厚友谊，一杯敬不知道何时才能再相见的彼此。

还记得入学班会上我们的自我介绍吗？

还记得我们的新生杯篮球赛吗？

还记得我们一起吐槽难吃的饭菜和炎热的教室吗？

还记得“老三”的梦话、“狗子”的鼾声吗？

这些美好的画面只能停留在记忆里。毕业和离校意味着：经济要独立，不能再睡懒觉，身边再也没有那么多同学和朋友，自由散漫的生活状态彻底结束，不得不面对现实，要承担更多的责任。

那些荒唐、搞笑、忧郁、迷茫、喜悦、无比快乐的时光一去不复返，只记得那是青春的容颜，因为大学里有生命中最美好的记忆和画面。

大学四年，无论你过得如何、收获如何，都已经结束。就算你在大学过得不尽如人意，证书没其他同学拿得多，奖学金没其他同学拿得多，不代表将来过得比别人差。读大学时奖学金拿到手软，多次获得领导、老师们的赞许和认可的同学，不代表进入社会就高人一等，也不代表工作会一帆风顺。大学毕业是一个新的起点，大学四年的荣辱得失全都“归零”，同学们从此踏上新征程。

万通集团董事长冯仑说过：“人一定要有清零的心态，在取得成功或遭遇不幸之后要及时把心态放空，继续往前走。”他一定是经历过很多或喜或悲的事情才总结出这么经典的一句话。我们在走出校园进入社会后最应该做的事情就是“清零”，把心态放空，保持简单和单纯，踏实做人，认真做事。

学会“清零”！

人的成长要接受来自四个方面的教育：父母、老师、书籍、社会。有趣的是，社会方面似乎总是与前三个方面背道而驰。参加工作的学长学姐们也有同感：参加工作之后，我们在大学里所学的知识并没有得到广泛的应用，反而在岗位上学到的工作技巧以及为人处世的道理受用最多。

走出校园进入社会之后，我们和其他同学处在同一起跑线上，所以我们要学会修炼自己，哪怕是在平凡的岗位上做平凡的事也要做到优秀。

2017年6月中旬的一天，我们学院组织了一次毕业生茶话会，气氛很融洽，师生一起讨论毕业生应该以什么样的姿态进入社会。郑老师亲切地跟我们讲："大学毕业后，新的人生旅程便开始了。大学毕业生一定要克服浮躁的心态，把心沉下来，踏实做人，勤奋做事。"

> 想要有所进步，就要懂得向年长的人学习！

毕业之前，我也拜访过很多"前辈"，包括专业课老师、学院的领导、退休的老教授，还有已经参加工作的学长学姐。面对毫无社会经验的我，他们很耐心地给我讲解他们的经历并告诉我进入社会要懂得的道理，我很感谢他们的谆谆教诲。

一个很有意思的事情是：不知道为什么，从小我就愿意接触老年人，也愿意跟老年人交谈。他们像一杯陈年老酒，越品尝越有味道；他们像一本历史书，他们的经历能够给予你警醒；他们像一块海边的岩石，经历过浪花无数次的拍打，依然笑看人生。

刚毕业的大学生在跨出大学校门之前，都对未来充满憧憬，但容易将事情看得简单甚至理想化。如果按照过高的期望接触现实环境，许多所谓的"现实所迫"就会让初入职场的大学毕业生付出代价。刚毕业的大学生做好本职工作，这才是最根本的。

另外，有些东西一辈子都不能丢。作为年轻人的我们一定要脚踏实地、从小事做起。有两点很重要：一是保持诚信、正直的人生品质，"三分做事，七分做人"的黄金法则不会过时；二是保持求真务实的工作态度，任何单位都需要具有创新意识的人才，但更需要脚踏实地、认真做事的人。我们要学会督促自己，并把自己的工作踏踏实实做好。

最后，要懂得虚心学习。作为年轻人，一定要懂得放低姿态，多向前辈请教。大学生工作热情，激情饱满，求知欲和接受新知识的能力都很强，但容易在取得成绩之后得意忘形。我们要时刻告诫自己：保持谦虚的姿态，做人诚心，做事虚心，对人热心，对事耐心，这是年轻人所应该具备的素质。

# 后 记
# 四年时光值得用一辈子纪念

大一潦草的笔记，大二组织活动时剩下的稿件，大三没吃完的药片，大四考研复习时的资料，纸片上的陌生电话，一堆好像没有看过的英语单词书……看着看着，我竟不知不觉地落下泪来，只有我才理解这一切包含的意义。四年的时光犹如白驹过隙，许多人和事都匆匆而过，可还有很多重要的东西永远地留在了记忆里。

拿到毕业证和学位证就意味着毕业了，祝贺我自己完成了大学的学业并且顺利毕业。在这里，我要给自己竖一个大拇指，为自己在最困难的时候咬紧牙关、冲破艰难险阻、没有放弃而高兴，为自己在大学四年的点点滴滴而自豪，也要跟父母、老师、同学说声谢谢，感谢他们在任何条件下都不图回报地支持我。

做人要常怀一颗感恩之心。带着一颗感恩的心去感受生活，你会发现生活会带给你很多感动。在写本书的过程中，我时常想起自己的大学生活，在这里我要感谢那些给予我帮助和动力、带给我温暖和感动、让我的大学生活更加丰富多彩的人。

感谢大学四年的辅导员柳老师，他就像慈父一样爱护着他的学生，时刻带给学生温暖和感动。他是良师也是益友，在他的陪伴下读完大学四年，真好！

感谢我在求学阶段遇见的领导、老师，他们一直给我提供指导和帮助，我在他们的呵护下快乐地成长。记得校长在五四青年节鼓励我们要努力学习，承担时代赋予我们青年人的使命；记得财务处的老师手把手地教我们报账；记得学院的老师帮我们修改演讲稿……

感谢教过我的每一位老师，他们不仅给予我知识，更教会我如何做人。好想回到大学的时光，再认真地听他们讲每一堂课。

感谢我身边的同学和朋友，书中的很多内容都是我们一起经历过的故事，正是这些故事给我提供了写作的灵感。认识他们是我最大的福气！

毕业之后，大学四年所有的往事就变成了脑海里的美好记忆。想起大学四年的点点滴滴，心头总会不禁一热。让我们一起珍惜、怀念美好的大学生活，一起纪念我们即将逝去的青春！

安 帅

2019年5月